समकालीन हिन्दी कविता

समकालीन हिन्दी कविता

ए. अरविंदाक्षन

राधाकृष्ण प्रकाशन

ISBN : 978-81-7119-636-4

समकालीन हिन्दी कविता

© ए. अरविंदाक्षन

पहला संस्करण : 1998
तीसरा संस्करण : 2018
पहली आवृत्ति : 2024

मूल्य : ₹495

प्रकाशक
राधाकृष्ण प्रकाशन प्राइवेट लिमिटेड
जी-17, जगतपुरी, दिल्ली-110 051
शाखाएँ : अशोक राजपथ, साइंस कॉलेज के सामने, पटना-800 006
पहली मंजिल, दरबारी बिल्डिंग, महात्मा गांधी मार्ग, प्रयागराज-211 001
1, अनमोल सोराबजी संतुक लेन, धोबी तलाव, मरीन लाइंस, मुम्बई-400 002
वेबसाइट : www.radhakrishnaprakashan.com
ई-मेल : info@radhakrishnaprakashan.com

मुद्रक
राजकमल प्रकाशन प्रा. लि.
नई दिल्ली-110 002

SAMKALEEN HINDI KAVITA
Criticism by A. Arvindakshan

कनु
और
ऋत्विक
के
लिए

प्रस्तावना

इस ग्रन्थ में समकालीन कविता के विभिन्न आयामों को निकट से देखने और विश्लेषित करने का कार्य किया गया है। सरल अर्थ में प्रयुक्त समकालीन शब्द कालान्तर में इतना गम्भीर शब्द बन गया है कि वह एक सामान्य विशेषण नहीं रहा। समकालीनता यहाँ कविता की सत्तात्मक स्थिति की समग्र अभिव्यक्ति के लिए प्रयुक्त शब्द है। उसका अपना दार्शनिक परिवेश है। निरन्तर विकासमान सत्तात्मकता का विश्लेषण ही इस अध्ययन-कार्य का अभीष्ट है।

प्रारम्भिक अध्यायों के पश्चात् हिन्दी की समकालीन कविता को कुल तीन आयामों में परखा गया है। मुक्तिबोध के शब्दों का प्रयोग दो प्रकरणों के लिए किया गया है; यथा—'कालयात्री' और 'जनचरित्री'। इस शब्दों के साथ उन्हीं की आत्यन्तिक परिणति के रूप में प्रयुक्त करने योग्य शब्द का भी प्रयोग तीसरे प्रकरण के लिए किया गया है—प्रतिपक्षधर्मी। इन तीन प्रकरणों के बाद कविता में स्त्री के स्वत्वविघटन पर प्रकाश डाला गया है, जो प्रासंगिकता की दृष्टि से उपयोगी है। उसे अन्य तीन प्रकरणों के साथ देखा जा सकता है।

विश्वविद्यालय के अधिकारियों के प्रति आभार व्यक्त करते हुए सुधी पाठकों के सम्मुख मैं यह ग्रन्थ सविनय प्रस्तुत कर रहा हूँ।

—ए. अरविंदाक्षन

प्रोफेसर, हिन्दी विभाग
कोचिन विज्ञान व प्रौद्योगिकी
विश्वविद्यालय
कोचिन—682022

अनुक्रम

प्रस्तावना	7
समकालीन कविता की सत्ता-मीमांसा	11
समकालीन कविता का रचनो-सापेक्ष वृत्त	18
समकालीन कविता का स्थापत्य	48
समकालीन कविता—कविता कालयात्री है	57
समकालीन कविता—कविता जनचरित्री है	79
समकालीन कविता—कविता प्रतिपक्षधर्मी है	97
समकालीन कविता में स्त्री का स्वत्व-विघटन	116

समकालीन कविता की सत्ता-मीमांसा

सत्ता-मीमांसा दर्शन का शब्द है। सत्ता का भी दार्शनिक परिप्रेक्ष्य है और मीमांसा का भी। लेकिन यहाँ सत्ता-मीमांसा शब्द का चयन इस अर्थ में किया गया जिससे विवेच्य विषय की वस्तुस्थिति का निर्धारण हो। यह सन्देह होना स्वाभाविक है, किसी विषय की वस्तुस्थिति को निर्धारित करने के हेतु दार्शनिक शब्दावली की क्या आवश्यकता है; वह भी समकालीन कविता की निजता को रेखांकित करते समय ? यह विदित है कि समकालीन कविता औदात्य का विरोध करती है और मानवीयता से अलग किसी प्रकार के दार्शनिक ऊहापोह को अस्वीकारती है। सत्व या सत्ता अन्तःप्रकृति को व्यंजित करनेवाला शब्द है और मीमांसा किसी तत्त्व का गम्भीर विवेचन। मीमांसक को चाहिए कि अपने विषय के गुण-दोषों की ऐसी विवेचना करे जिससे विषयगत दुर्बोधता और अबोधता दूर हो जाय, सरल अर्थ का प्रतिपादन ही अगर वांछित है तो दार्शनिक प्रयुक्ति की क्या आवश्यकता है। यह सही है कि इन शब्दों से सरल अर्थ ही गृहीत किया गया है। लेकिन समकालीन कविता जो अर्थ प्रदान कर रही है वह सरल नहीं है। समकालीन कविता का आभ्यन्तर इतना गम्भीर है कि वह हमारे जीवन के किसी एक आयाम को दीप्त नहीं कर रहा है। एक जटिल समस्या में समकालीन कविता हमारे जीवन की समग्रता की कविता है। यहाँ हिन्दी कविता की स्थावरता है, पर साथ ही भारतीय कविता की सत्तात्मक स्थिति भी है। ऐसे में सरल शब्दों से समकालीन कविता को सम्बोधित करना मात्र कविता के प्रति अनुचित नहीं, बल्कि संवेदना के इतिहास को पूरी तरह से हाशिये पर महसूस करने के बराबर है।

समकालीन कविता का भावसंकुल संवेदनात्मक धरातल जटिलतर जीवन-स्थितियों से परिकल्पित और गठित है। किसी एक कविता में विन्यसित देशज स्वत्व-बोध जो अपनी अलग भाषिक संरचना से अतिरिक्त ढंग से गूढ़ और लोकधर्मी भले ही प्रतीत हो, अतीतोन्मुखी होने का उपक्रम नहीं है। जब कोई कवि अपनी समग्र लोकचेतना के जरिए स्वत्व का अन्वेषण करना चाहता है तो उसका अर्थ है, अपनी वास्तविकता को रेखांकित करना। यह अन्वेषण हमारी राष्ट्रीय दृष्टि के विपरीत नहीं है, लेकिन ओढ़ी हुई, थोपी गयी या आरोपित दृष्टि के विपरीत है।

ऐतिहासिक विवेक से ही ऐसी स्वत्व-दृष्टि विकसित होती है। इस प्रकार समकालीन कविता का आभ्यन्तर बहुकेन्द्री है, इसलिए विश्लेषण के तौर-तरीकों में निहित सरलीकरणों का विरोध करना पड़ता है।

कविता संस्कृति की उपज है, भाषिक चिह्नों से निर्मित संस्कृति की उपज। जिस प्रकार मनुष्य कई तरह से अपने को निर्मित करता है, उन रीतियों में से एक के रूप में कविता-रचना को देखा जा सकता है। कविता के बहाने कवि कई स्तरों पर अपने को सृजित करना चाहता है। इसलिए कविता में स्वत्व का परिवर्तन अभीष्ट ही है। उसको निर्णीत करनेवाला सत्तात्मक पक्ष बहुकेन्द्री और बहुआयामी है।

सत्तामीमांसक आस्वादन कविता की सहजता का आस्वादन है। समस्या सिर्फ यही है कि सहजता कविता की बहिरंग अवस्था नहीं है। सहजता उसकी जीवन-दृष्टि है जो उसमें उल्लेखित नहीं होती। सहजता उसकी गुम्फित अवस्था है। समकालीन कविता के सन्दर्भ में यह और भी प्रासंगिक तथ्य है। अतः निहितार्थ से परे, व्यापक क्षितिजों को छूनेवाली कविता की अर्थभंगिमाएँ कविता की अध्यवसायी वृत्ति की सांकेतिकता नहीं है। अतः समकालीन कविता के सत्तामीमांसात्मक आस्वादन के अन्तर्गत सृजनात्मकता की तमाम अन्तरंगताओं को समझने के हमारे विवेक की, हमारी सामाजिक संपृक्ति, सांस्कृतिक विरासत और कुल मिलाकर मानवीय इच्छाशक्ति की आनुपातिक अवस्थिति रहती है। सत्तामीमांसात्मक आस्वादन के सन्दर्भ में कविता एक संस्कृति-कर्म है। कविता की यही प्रासंगिकता है; और उसकी दुहरी प्रासंगिकता भी यही है।

समकालीन कविता की समकालीनता

समकालीनता में कालप्रतीति का पक्ष मुख्य है। परन्तु किसी सीमित परिधि को मूर्त करने की सरल प्रक्रिया को कालचेतना के रूप में परिभाषित करना उचित नहीं है। मुक्तिबोध ने इसी अर्थ में कविता को 'कालयात्री' के रूप में अनुभव किया है। समय के साथ कलाचेतना का भी अटूट सम्बन्ध है, पर यह एक सरल समीकरण नहीं है। अर्थात् कालचेतना और कलाचेतना समकालीनता की सरल परिभाषा के लिए प्रयुक्त शब्द नहीं हैं। जब समकालीनता तात्कालिकता को तोड़ती है तो कालचेतना का अर्थस्तर विस्तृत और गहरा होने लगता है। कविता की यह अनिवार्य प्रवृत्ति है कि काल की तात्कालिकता को तोड़े, अपनी कालचेतना को मानवीय इतिहास और संवेदों के साथ जोड़े और उस सरोकार को विभिन्न सन्दर्भों में पहचाने। इस पहचान के लिए कलाचेतना की गहरी समझ की भी आवश्यकता है। यह कविता को कविता बनानेवाली सरल प्रक्रिया नहीं है। कलाचेतना भी आखिरकार कालचेतना के समान कविता को देशज अस्मिता के साथ जोड़नेवाली

कड़ी है। ऐसी कलाचेतना अन्ततः जनचेतना का संवेदनात्मक रूप ही है। समकालीनता की इस दोहरी पहचान में—अर्थात् कालचेतना और कलाचेतना की पहचान—जनचेतना का सही परिदृश्य ही हमें मिलता है। अपनी देशज अस्मिता की खोज की अनवरत यात्रा में कविता ने इस दौर में अपनी समकालीन दृष्टि के कारण जनोन्मुखता का सही परिचय दिया है। भले ही साधारण कविताओं की रचना और उनका त्वरित प्रकाशन जारी रहा हो, फिर भी सही कविताओं की दिशा कुंठित नहीं है और वहाँ मनुष्य का बिम्ब जीवन्त है। अपने काल में जीवित और उसमें साँस लेते हुए, मनुष्य को उसके 'स्व' में अन्वेषण करते हुए, समकालीन कवियों ने प्रस्तुत किया है। अतः समकालीन कविता की अनुभूति जनोन्मुखी रही। जन्मोन्मुखता को आज की कविता के सन्दर्भ में कविता की लोकदृष्टि कह सकते हैं, जो कविता की वास्तविक भूमि है। कविता की संवेदना की उन्मेषयुक्त संभावनाएँ इसी भूमि में अधिक शक्ति पाती हैं। इसका कारण यही है कि लोकदृष्टि किन्हीं सिद्धान्तों की पूर्णावस्था नहीं है। लोकदृष्टि कविता की पूर्णावस्था है। कवि की लोकसंबद्धता कविता का कर्मबोध है। उसी अनुपात में यह भी कहा जा सकता है कि कविता की लोकबद्धता कवि को एक बृहत्तर समाज से जोड़नेवाली दृष्टि है। सामाजिक जीवन को कविता का आधार मानने से लोकदृष्टि विकसित होती है। सामाजिक आधार, जीवन की लोकप्रियता, हमारी तमाम सहजताएँ कविता के स्वीकृत पक्ष हैं। इन्हीं स्वीकृत पक्षों को उसके जैविक सन्दर्भ में पहचानते हुए प्रत्येक पक्ष को कविता की जैविक सत्ता के रूप में भीतर-भीतर विकसित करना लोकदृष्टि के लिए अनिवार्य है। इसे यथार्थबोध की पहचान कह सकते हैं। रामचन्द्र शुक्ल ने लोकबद्ध दृष्टि की अनिवार्यता पर बल दिया है। उनके विचार में ''मनुष्य लोकबद्ध प्राणी है। उसकी अपनी सत्ता का ज्ञान तक लोकबद्ध है। लोक के भीतर ही कविता क्या किसी की कला का प्रयोजन और विकास होता है'' (चिन्तामणि)। रामचन्द्र शुक्ल के इस लोकचिन्तन को शास्त्रीय मानने की अपरिपक्वता की तरफ नामवर सिंह ने संकेत किया है—''जो शुक्लजी के लोकजीवन, लोकधर्म, लोकमंगल आदि का अक्सर हवाला दिया करते हैं उनकी दृष्टि में भी लोक अमूर्त और अस्पष्ट है, उन्हें भी इस लोक की अवधारणा में निहित जीता-जागता 'सामान्य मनुष्य' नजर नहीं आता। यह 'सामान्य मनुष्य' उसे ही नजर आ सकता है जिसमें पोथी के बाहर आकर प्रत्यक्ष लोकजीवन में शुक्लजी के मनुष्य को खोजने का साहस हो'' (वाद-विवाद-संवाद)। नामवर सिंह ने मलयज की आलोचकीय प्रतिभा और गहन कवि-दृष्टि की सराहना करते हुए यह कहा है। स्पष्ट है कि लोकदृष्टि और जनोन्मुखता की पारस्परिकता कविता का स्थापत्य है। उस स्थापत्य की सुन्दरताएँ ठोस धरती से जुड़ने पर विकसती हैं। मलयज रामचन्द्र शुक्ल के विचार को इस प्रकार व्याख्यायित करते हैं कि ''कविता वास्तविकता से रसवत्ता और गुणवत्ता ग्रहण करती है। धरती शुक्लजी के सामान्य मनुष्य का संस्कार है, आकाश उसका कर्म।

अपने संस्कारों से वह धरती की ही तरह ठोस है, अपनी संवेदना में मूर्त और वस्तून्मुखी। अपने कर्म से वह उड़ता है, आदर्श के पक्ष में हाथ उठाता है। उसके कर्म की उड़ान उसे धरती के गोचर रूपाकारों से परे नहीं ले जाती बल्कि उसकी सूक्ष्म रसवत्ता से बाँधे रहती है। उसकी धरती का संस्कार उसे जड़, अतीतोन्मुख, ग़तिहीन नहीं बनाता बल्कि भावक्षेत्र में चीजों को मज़बूती से पकड़ने और उन्हें उनके सही नामों से पुकारने की ऊर्जा देता है। धरती के सन्दर्भ में जो कुछ ज्ञानातीत और अमूर्त है उसे वह सन्दिग्ध मानता है। आकाश के सन्दर्भ में जो कुछ ज्ञानातीत और अलौकिक है उसे वह शक की दृष्टि से देखता है। प्रत्यक्ष यथार्थ से अलग अध्यात्म उसके लिए फरेब है, जैसे दूर कहीं धरती और आकाश का मिलन जो जब नज़र आता है तक धुँधलके में ही। यह धुँधलका ही वह छायावाद और रहस्यवाद है जिसके खिलाफ शुक्लजी ने अपनी लड़ाई लड़ी'' (रामचन्द्र शुक्ल)।

समकालीन कविता की समकालीनता पर विचार करते समय जब हम इस तथ्य पर विचार करते हैं कि कविता की जनोन्मुखी दृष्टि ही कविता की असलियत है तो यह प्रश्न उठ सकता है कि जिस बृहत्तर यथार्थ और उसके प्रतिबिम्बात्मक सच की बात हो रही है, क्या वह कविता की असलियत के विरुद्ध तो नहीं ? कविता की असलियत मात्र उसकी कलावादी चेतना से संबद्ध नहीं है। कविता लिखने की जो प्रातिभिक शक्ति है उसमें एक खास प्रकार की नैसर्गिकता है, जैसे फूल के खिलने में उपलब्ध है। पर कविता लिखने में निहित या उसमें लीन नैसर्गिक शक्ति में सांस्कृतिक ऊष्मा की तमाम चेतनाएँ वर्तमान हैं। अगर ये सब अवचेतन से सम्बन्धित हैं तो वही अवचेतन कविता-लेखन के स्तर पर चेतन का प्रकटीकरण है। कविता की जैविक सत्ता में चेतन और अवचेतन का सम्मिश्रण तो रहता ही है। वह अलग-अलग खानों में बँटकर नहीं रहता। ऐसा भी कहा जा सकता है कि कवि का कोई विशेष पक्ष नहीं, बल्कि कवि पूर्ण रूप से कविता-लेखन में संलग्न होता है। अतः कविता की सौन्दर्य-चेतना में फूल की सुगन्ध और उसका मुख्य केन्द्र बना हुआ मधुपक्ष प्रमुख है और उसके मुरझाने पर प्रस्फुटित रंगीन दर्दभरा विलाप मात्र नहीं है। उसकी सौन्दर्यवत्ता कोई सीमित एकक नहीं है। उसके सौन्दर्य की प्राप्ति ग्रामीण अंचल में विचरण करते समय प्राप्त होनेवाला सौन्दर्य है। अर्थात् वह जनपथ, जिसके बाहर-भीतर अनेक पगडंडियाँ हैं जिनसे बाहर जाया जा सकता है, भीतर प्रवेश किया जा सकता है। उसी प्रकार कविता की केन्द्रीय दृष्टि एकमार्गी नहीं, बहुमार्गी है। कविता और उसकी समकालीनता की यही सत्तात्मक स्थिति है।

समकालीनता इसी सन्दर्भ में बृहत्तर आयामों को खोजती है। कविता की समकालीनता का एक महत्त्वपूर्ण तथ्य यह है कि कविता में सदैव प्रतिसंस्कृति की ऊर्जा सृजनशीलता को प्रेरित करती रहती है। प्रतिसंस्कृति सामान्य प्रतिपक्षधर्मी दृष्टि का प्रस्फुटन नहीं है। प्रतिसंस्कृति कविता की मूल ऊर्जा शक्ति है जिसे सही अन्दाज़ में पहचानना मुख्य है, जो समकालीनता में कार्य कर रही है। तमाम सरलीकरणों

के खिलाफ संघर्ष करने की शक्ति प्रतिसंस्कृति से प्राप्त होती है। इतिहास ने जितने मोड़ों पर मनुष्य को यन्त्रचालित पुतला बनाया और जितने सन्दर्भों में उसकी आकांक्षाओं को बिखेर दिया, उन सबका एक प्रतीक-चिह्न कविता की प्रतिसंस्कृति में सुरक्षित है। अतः समकालीनता जब इसी प्रतिसंस्कृति की समान्तर शक्ति में परिणत दिखाई देती है तो उसका अर्थ यह हुआ कि समकालीन कविता स्वतन्त्रता का शब्दाह्वान भर नहीं है, वह कोई नैतिक सम्बोधन भी नहीं है, वह जीवित लोकसंस्कृति की अभिव्यक्ति है।

समकालीनता को आधुनिकता के विकास के रूप में देखा जा सकता है, बशर्ते इसे कुछ पश्चिमी सिद्धान्तों की बैसाखी पर लटका न दिया जाए। वस्तुतः आधुनिकता क्रान्ति का नैरन्तर्य है। आधुनिकता ने स्वतन्त्रता को विषयवस्तु के रूप में स्वीकार किया है। इसलिए आधुनिकता का विकास उत्तर आधुनिकता के रूप में न होकर समकालीनता के रूप में हुआ है। इसी प्रकरण में कालबद्धता और लोकदृष्टि की प्रासंगिकता बढ़ती है। आधुनिकता की वास्तविक जड़ों के माध्यम से जल का अंश स्वीकार करके समकालीनता ने हमारी अपनी हवा के बीचों-बीच आच्छादन निर्मित किया। इसमें सृजन और निर्माण का प्रसंग बराबर है। समकालीनता के रूप में ही आधुनिकता का विकास अपेक्षित है। समकालीन होने की अनिवार्यता कविता की भी अनिवार्यता है। अपनी धरती से दूर, अपने परिवेश से कटकर, समकालीन कविता अपनी अनुभूति का विकास नहीं कर सकती। नवउपनिवेशवादी संस्कृति की जीर्णताओं के विरुद्ध कविता को अपना संघर्ष तेज़ करना है। उसमें दिशा-निर्देश का संकेत गठित भी है और समय की माँग की रचनाशीलता भी है।

कविता का समकालीन होना उसके बाह्य एवं आन्तरिक विकास को सूचित करता है। जब कविता अधिकारग्रस्त स्थान-काल-भाषा सम्बन्धी संकल्पों के विरुद्ध लड़ाई जारी रखती है तब उसका समकालीन होना सहज हो जाता है। खूँखार इरादोंवाले समाज के प्रति यह कविता की असली प्रतिक्रिया है। इसका कारण यह है कि हमारी सत्ता में आसीन स्थल-काल-भाषा सम्बन्धी संकल्पनाएँ नवउपनिवेशवादी संस्कृति की उपज हैं। बहिरंगतः वह व्यापक दीखती है और मानवीयता के प्रति सहानुभूतिपरक रवैया अपनाती हुई मालूम होती है। लेकिन उपनिवेशवादी कविता में दिखती व्यापकता और उसकी सहानुभूतिपूर्ण दृष्टि की अपनी अलग वास्तविकता है। संकीर्णता उसका असली चेहरा है। अधिकार का केन्द्रीकरण, संवेदनशील विपणन की सुविधाओं की आकांक्षा और अनियन्त्रित मुनाफे का मोह नवउपनिवेशवादी दृष्टि की असलियत है। कवि का कर्तव्य है कि वह हमारी संस्कृति के इस नाटकीय मोड़ को पहचाने। इसे हम कवि की वह पहचान कह सकते हैं जिसमें वर्तमान के तमाम तहखानों से सम्बन्धित इरादे विद्यमान हैं। इतिहास-परम्परा की पहचान कवि के लिए आवश्यक है। एक तरह से इसे वर्तमान का 'डीमिथिफिकेशन' कह

सकते हैं। इसके ज़रिए समकालीन के मार्ग को कविता निरन्तर प्रशस्त करती है। कपट का यह पर्दाफाश अनेक स्तरों पर होता है और तब कविता स्वतः इस देश की हो जाती है। अर्थात् वह हमारे परिवेश की हो जाती है और वह हमारे परिसर की कविता भी बनती है। इस सन्दर्भ में विचारणीय है कि समकालीनता कविता का कोई ऐसा आन्दोलन नहीं जिसने अपने 'मैनिफेस्टो' के बल पर कविता का विस्तार करना चाहा हो। समकालीनता प्रबन्धक अधिकारलिप्सा के मिथक से वास्तविकता को मुक्त रखने का उपक्रम है। आज की कविता में यह सम्भव है। लगातार आवरणों एवं अन्य अमानवीय आच्छादनों से सच को ढककर रखने की जो प्रवृत्ति दिखाई देती है उसका विरोध कविता करती है। कविता ने यह घोषित किया है छल और कपट कविताबाह्य स्थितियाँ हैं। इसलिए कविता के समकालीन होने का अर्थ हुआ, स्वकीय और स्वस्थान की कविता की रचनात्मक परिणति को स्वीकृति दें। यह कविता की स्वीकृति है और कविता की सत्ता की स्वीकृति भी है।

परम्परा को सांस्कृतिक अस्मिता के रूप में देखना उचित है। अतः परम्परा एकवचनवादी नहीं है, वह बहुवचनवादी है। वह एकधारा रूपी प्रवाह नहीं, नदी के समान बहुधारा रूपी प्रवाह है। परम्परा के बहुवचन में चयन का महत्त्व सर्वाधिक है। समकालीन कवि मुक्ति या स्वतन्त्रता की स्मृति के रूप में परम्परा का चयन अपनी कविता में करने के इच्छुक हैं। कुछ स्थितियाँ हमारे लिए मृत्यु, उन्माद या दुख का कारण बन सकती हैं। इसलिए परम्परा की बहुवचन-स्थिति से सही चयन अनिवार्य है। लेकिन यह उसे एकवचन-स्थिति में बाँधने के लिए नहीं है। बहुवचन-स्थिति उस स्मृति को भी सार्थकता प्रदान करती है जिसमें मानवीय मुक्ति की कामनाएँ सँजोई हुई हैं। मानव-मुक्ति का एकस्वर उपलब्ध नहीं है। उसी प्रकार मानव-मुक्ति का एकमात्र व्यावहारिक क्षेत्र भी कार्यरत नहीं है। अतः परम्परा का चयन संस्कृति की सही पहचान है। कविता की समकालीनता उसी को स्वीकार करती है।

नयी सांस्कृतिक अस्मिता शोषण तन्त्र पर आधारित हमारे सामाजिक-राजनीतिक ढाँचे को तिरस्कृत करने की प्रेरणा और क्षमता प्रदान करती है। वर्तमान को विकृत करनेवाले अतीत को त्याज्य समझने की शक्ति देती है। प्रकृति और सभ्यता को अधीनस्थ करनेवाली शक्तियों के विरुद्ध लड़ने की ताकत भी देती है। लेकिन हमारी अस्मिता और हमारे स्वत्वबोध की अपनी सीमाएँ भी हैं। सबसे प्रमुख बात यह है कि वह उपनिवेशवादी परिवेश के द्वारा उत्पादित या उससे जन्मा है। उपनिवेशवादी शिक्षापद्धति ने हमें जो इतिहासबोध प्रदान किया है, उसके जितने संकल्प हैं या उसका जो भी जीवनदर्शन है वे हमारे स्वत्वबोध को निर्दिष्ट करना चाहते हैं। पाश्चात्य दर्पण में प्रतिबिम्बित स्वत्वबोध को ही वे दिखा रहे हैं। वे जो दिखा रहे हैं वही हमारे लिए मूल्य हैं। वही हमारा ज्ञान है, हमारे दर्शन हैं।

सौन्दर्य-चेतना भी उनकी दी हुई है। यही हमारी सांस्कृतिक गुलामी है, आधुनिक संस्करण है। इस दास्य भाव को आज्ञानुवर्ती बनाए रखना नवउपनिवेशवादी संस्कृति है। अतः समकालीन कविता सबसे पहले इन सीमाओं की पहचान कराती है।

उपनिवेशवादी आबोहवा में पलने और बढ़ने के कारण अनुशासन में आबद्ध रहने की इच्छा हमारे स्वत्वबोध को नियन्त्रित करने लगी। कड़ा अनुशासन उपनिवेशवादी अनुशासन का अंशदान है। उपनिवेशवादी शिक्षा-पद्धति ने हमें इसके लिए तैयार किया। हमारे अतीत को विकल बनाकर उसने हमें शिक्षा प्रदान की। हमारे इतिहासबोध में ओरियन्टलिस्ट झूठी मान्यताओं को थोप कर हमें शिक्षित बनाया। इस कारण से हमारा स्वत्वबोध बिखरता गया। उपनिवेशवादी शिक्षाप्राप्त व्यक्ति विभाजित व्यक्तित्ववाला ही बना रहता है। हम दूरस्थ काल्पनिक मोहों और आधुनिक विज्ञान के बीच विभाजित हैं। विपरीत अवस्थाओं को झेलनेवाले व्यक्ति का यह अभिशाप है। अतः हमारे शिक्षितों की भाषा अनुभवहीन, तेजहीन और औसत भाषा है। भाषा का यह मानकीकरण स्वत्व का मानकीकरण है। हमारे स्वत्वबोध को दर्शनरहित, इच्छाशून्य और शिथिल बनाने का यह एक उपक्रम है। आज का भारतीय 'सेल्फ' अगर संकटग्रस्त है तो उसका कारण स्वत्वविघटन है। इसलिए यह सूचित किया गया कि आज की अधिकार-केन्द्रित स्थल-काल-भाषा-संकल्पनाओं की आलोचना ज़रूरी है। अस्वतन्त्रता का यह वैचित्र्य समकालीन कवि के लिए अपरिचित नहीं है। समकालीन कवि अस्वतंत्रता के अनियन्त्रित विस्तार से परिचित है। उसकी निगूढ़ताओं पर प्रकाश फैलाना समकालीन कवि का कर्तव्य बन गया है। स्वत्व-विघटन की स्थितियों से उबरकर स्वत्वबोध की ओर विकसित होने की तत्परता इसलिए समकालीन कविता दिखा रही है कि हमारी कविता अपनी परिसीमाओं से हूबहू परिचित है। इस तथ्य से भी वह अनभिज्ञ नहीं है कि स्वत्व-विघटन का एक समान्तर दौर कविता में चल रहा है। समकालीन कविता को वह कुंठित भी कर रहा है। परन्तु वास्तविकता की पहचान समकालीन कवि को सही रास्ता चुनने में मदद पहुँचा रही है।

समकालीन कविता का रचना-सापेक्ष वृत्त

कविता का सत्तामीमांसक पक्ष कविता की सही स्थिति का द्योतक है। कविता क्या है, कविता क्यों है, कविता किसलिए है जैसे प्रश्नों को रचना-सापेक्ष सन्दर्भ में पहचानने का सही उपक्रम भी है। इस प्रकरण में रचना-सापेक्षता का सम्बन्ध मात्र रचनात्मकता की अपनी अन्तरंगता से ही नहीं है। रचना-सापेक्ष स्थितियों का जीवन के व्यापक क्षितिजों से सम्बन्ध हैं। परिभाषाओं की बैसाखी के बिना भी यह कहा जा सकता है कि एक विशेष कृति इसलिए रचना-सापेक्ष है कि वह अपने वस्तुक्षेत्र और सम्बद्ध समय का समावेश करती है। उस अर्थ में ही वह कृति है। सही रचना की दृष्टि एकोन्मुखी नहीं है और वह जीवन के बहुविध परिदृश्यों से कविता-सामग्री ग्रहण करती है। तदुपरान्त कविता स्वयं आँकती है और यह कविता की जैविक प्रक्रिया है। इस प्रकार कविता अपने में एक सशक्त बिम्ब विकसित करती है जिसे कविता का आभ्यन्तरीकरण भी कहा जा सकता है। बहिरंग वस्तुक्षेत्र के अन्तरंग स्तर पर होनेवाली इस रचनात्मक प्रक्रिया से गुज़रती कविता फलागम की ओर अग्रसर होती है। कवितेतिहास के विभिन्न सन्दर्भ साक्षी हैं कि कविता ने अपनी अहमियत समयोचित ढंग से दर्शायी है। सतही कविताओं की अलंकरण-बहुलता और सौन्दर्यवादी हल्के रुझानों और उन कविताओं के वर्चस्व के बावजूद कालांकित कविता अपना इतिहास रच पाती है। इतिहास में ऐसी कविताएँ पुनर्वाचन और पुनर्मूल्यांकन की माँग करती हैं। संकटग्रस्त स्थिति में कविता इस प्रकार अपनी समग्र अस्मिता का परिचय देती है।

'कविता क्या है', 'कविता क्यों है' और 'कविता किसलिए' आदि प्रश्न कभी अनुत्तरित नहीं रहे हैं। लम्बे समय तक साहित्य सैद्धान्तिक वातावरण में आबद्ध रहने के कारण साहित्य-मीमांसा में ये प्रश्न उत्तरित होते रहे हैं जो आज के सन्दर्भ में पूर्ण रूप से सही नहीं हैं। सिद्धान्तवादी सौन्दर्य-तत्त्व से बढ़कर आज साहित्य मनुष्य-सापेक्ष साहित्य-तत्त्वों का आकांक्षी है। इसलिए आज ये प्रश्न सिद्धान्तवादी कठमुल्लापन या दिमागी व्यायाम के तहत पूछे जानेवाले मात्र नहीं हैं बल्कि कवि-कर्म और कविता-कर्म के साथ ये प्रश्न आज गम्भीर रूप से जुड़े हैं।

यह निर्विवाद है कि कविता हमारी इतिहासबोधजन्य चेतना की उपज है। कविता-कर्म की वही अन्तिम परिणति है। भौतिक विकास के इस युग में, ज्ञान-विज्ञान के आश्चर्यजनक विकास के इस युग में कविता-कर्म और अधिक दायित्वपूर्ण हो जाता है। यह प्रतिस्पर्धावाली मानसिकता की बात नहीं है। क्योंकि ज्ञान-विज्ञान के विकास के पहले भी कविता ने अपना दायित्व निभाया है। अतः इतिहासबोध की स्वीकृति कविता की अपनी रासायनिक स्थिति ही है, उसके जैविक विकास का परिणाम है। महच्छाय वृक्ष की सांगोपांगता के समान, उसकी छतनार शाखाओं एवं उलझी हुई पर गतिमान जड़ों सहित कविता समग्रता का द्योतक है। इसलिए वह हमारी संवेदना पर असर करती है। संवेदनात्मक शोध इतिहास-सापेक्षदृष्टि से सम्पन्न होता है। अतः कहा जा सकता है कि कविता अपने वाचिक या मुद्रित रूप में समय को साक्षात्कृत करने तथा संवेदनात्मक स्थिति के सुधार की रचना-यात्रा है। मानवीय संस्कृति की अन्य जय-यात्राओं के समान कविता की रचना-यात्रा संस्कृति को निर्णीत करती है। अतः आधुनिक युग में कविता-कर्म संस्कृति-कर्म से भिन्न नहीं है।

कविता-सम्बन्धी यह दृष्टि समकालीन दौर में अधिक पुष्ट हुई। यह भी द्रष्टव्य है कि कविता की अन्य कलाओं के साथ पारस्परिकता बढ़ी और उसका आन्तरिक विवेक निखरता रहा। इसलिए समकालीन दौर में कविता-कर्म के समान कविता के आस्वादन का धरातल भी विस्तृत होने लगा। आस्वादन की यह कोई उदार नीति नहीं है। समकालीन कविता के अपने प्रतिमान हैं। उनका कभी-कभी पूर्ववर्ती युग की कविताओं से सम्बन्ध भी होता है। अर्थात् समकालीनता के पूर्ववर्ती परिपार्श्व भी हैं। उसका लेखा-जोखा यहाँ विवेच्य है।

समकालीन हिन्दी कविता का इतिहास-फलक इसलिए अति विस्तृत है कि कविता-सम्बन्धी नए प्रतिमान के आधार पर कविता-कर्म की सार्थक यात्रा के असंख्य पदचिह्न हमें प्राप्त होते हैं। कविता को सही कर्मबोध की दिशा के रूप में देखने पर हिन्दी कविता के पूर्व अध्याय कम महत्त्वपूर्ण नहीं हैं। मानवीय आकांक्षाओं के बहुरंगी चित्रों से भरे उन अध्यायों में कविता का 'जनचरित्री' रूप स्पष्ट होता है। समकालीन हिन्दी कविता को भारतीय सामाजिक सन्दर्भ से जोड़कर देखते समय मुख्यतः उसका पूर्व अध्याय आधुनिक कविता का है या उसके पहले का छायावादी युग भी समाहित होता है। जिस त्वरित गति से भारतीय समाज में परिवर्तन लक्षित हुए हैं, जिनके साथ समकालीन कविता का जितना गाढ़ा रिश्ता है, जिनकी पृष्ठभूमि में संक्रमणशील सामाजिक स्थितियों का सन्निवेश ही आधुनिक कविता में हुआ है, उसे दिशा देने में पर्याप्त मात्रा में न सही, छायावादी कविता का योगदान भी रहा है।

छायावाद का अपना काव्यदर्शन रहा है। लेकिन उस काव्यदर्शन की परिसीमाओं को तोड़कर मानवीय स्थिति से उद्भूत काव्यदर्शन गठित करने में

निराला का जो योगदान रहा है वह हिन्दी कविता के इतिहास का महत्त्वपूर्ण पृष्ठ है। उस महत्त्वपूर्ण रचनात्मक पृष्ठ को प्रायः समकालीन कविता से जोड़ा गया है जो असंगत नहीं है। यह सवाल उठ सकता है कि निराला इतने प्रमुख क्यों हैं ? क्यों वे समकालीन कविता के प्रमुख अंशदाता हैं ? निराला इसलिए प्रमुख हैं कि उनकी कविता का वस्तुक्षेत्र छायावादी नहीं है। यह एक कवि का कविता में निरा उल्लंघन भर नहीं है। इस अतिक्रमण में कविता की समकालीनता को पहचानने का इच्छित आदर्श है। अतः यह कहना अधिक संगत प्रतीत होता है कि निराला के साथ हिन्दी कविता का अन्तरंग व्यक्तित्व ही बदल गया है। इसका मतलब यह नहीं है कि निरालोत्तर हिन्दी कविता एकाएक समकालीन बन गई। वस्तुचयन सम्बन्धी परिवर्तित स्थिति, भाषा-विन्यास, संवेदनात्मक संगठन आदि में निराला समयबद्ध कवि सिद्ध हुए। उनकी अपनी आत्मग्लानि समय की ग्लानि में विलयित हुई। यह कहना भी अनुचित नहीं है कि निराला ही हिन्दी कविता के प्रथम कवि हैं जिन्होंने आधुनिक कविता के आत्मसंघर्ष को शब्दबद्ध किया। उनकी अनेक कविताएँ इस तथ्य को प्रमाणित करती हैं।

निराला की यथार्थ-दृष्टि उनके कविता-कर्म की आधारशिला है। उनकी कविता का यथार्थ भारतीय समाज की परिवर्तनशीलता को लक्षित करता है। उपनिवेशवादी संस्कृति में जिस सीमा तक हमारे जीवन का स्वत्व विघटित हो जाता है, हमारी अपनी मिट्टी में जिस मात्रा तक उपनिवेशवादी संस्कृति के बीज सुरक्षित हैं, चेतना को निरंकुश सभ्यता ने किस हद तक तहस-नहस किया है आदि मुद्दे निराला में स्पष्ट होतें गए। सामाजिक मूल्यों के विघटन के सन्दर्भ में ही निराला की कविता आस्वादनीय होती है और समकालीन होती है।

निराला की कविता का यथार्थ समकालीन कविता के यथार्थबोध तक इसलिए विस्तार पाता है कि उसमें मानवीय संस्पर्श की ऊष्मा भरी हुई है। सामाजिक विडम्बनाओं पर लिखी उनकी कविताओं में भी यही ऊष्मा हमें प्राप्त होती हैं। उदाहरणस्वरूप 'तोड़ती पत्थर' शीर्षक कविता को लें :

कोई न छायादार
पेड़ वह, जिसके तले बैठी हुई, स्वीकार
श्याभ, तन, भर बँधा यौवन
नत नयन, प्रिय कर्मरत मन,
गुरु थोड़ा हाथ, करती बार-बार प्रहार :
सामने तरुमालिका अट्टालिका प्राकार।

प्रस्तुत कविता में वर्णन सीधा है, पर कविता की महिला के हाथ में हथौड़े की चोट पत्थर पर ही पड़ती नहीं, बल्कि अट्टालिका पर फिर उसके हृदय पर भी पड़ती है। व्यक्ति-अनुभव सामाजिक अनुभव में तब्दील होने का रचनात्मक अनुभव

और उसमें निहित त्रासदी सहित व्यक्त होता है। इन तथ्यों की समाहिति में से उद्भूत होनेवाली मानवीय ऊष्मा निराला की कविता के यथार्थ को तीसरा आयाम प्रदान करती है।

'कुकुरमुत्ता' का वस्तुविन्यास भी सीधा है। अर्थात् यथार्थ का सीधा सन्निवेश। कुकुरमुत्ता के दावे में सर्वहारा वर्ग का स्वर अनुगूँजित होता है :

और अपने से उगा मैं
बिना दाने का चुगा मैं
कलम मेरा नहीं लगता
मेरा जीवन आप जगता।

हिन्दी कविता में पहली बार सर्वहारा के आत्मविश्वास के स्वर की अनुगूँज और विशिष्ट बुनावट के कारण, यह कविता समकालीन यथार्थ के निकट अपना स्थान ग्रहण करती है।

एक अन्य उदाहरण 'राम की शक्तिपूजा' शीर्षक कविता है जिसमें वस्तुविन्यास के स्तर पर सीधा यथार्थ सन्निविष्ट नहीं है। लेकिन एक गहनतम यथार्थ उसका है जिसके केन्द्र में वास्तविक दुनिया है—"अन्याय जिधर, है उधर शक्ति।" यही पहचान इस लम्बी कविता को समकालीन दायरा प्रदान करती है। 'सरोज स्मृति' में व्यक्तिगत जीवन की त्रासदी को वे व्यापक जीवन की त्रासदी में परिवर्तित करते हैं :

कन्ये, गत कर्मों का अर्पण
कर, करता—मैं तेरा अर्पण।

हताशा की स्वीकृति दुःखद होते हुए भी द्वन्द्वात्मकता उपजाने में सशक्त है। मानवीय पीड़ा को तनाव-भरे क्षणों की कविता के रूप में विकसित कराने से इसका एक अलग वाचन-स्तर है। कविता का वस्तुविन्यास, संरचनात्मक पक्ष या भाषिक स्थितियाँ तथा मानवीय संघर्ष के विभिन्न आयामों ने मिलकर निराला की कविता के तेवर को एकदम बदल दिया है।

छायावादोत्तर कविता, जिसे चाहे जिस किसी भी नाम से अभिहित किया जाए, विजयदेवनारायण साही के शब्दों का अवलम्ब लेकर कहें तो किसी अर्थ में वह अगंभीर कविता है। उनका कथन यों है—"अज्ञेय और उनके साथियों के सामने—जो 'तारसप्तक' में संगृहीत हुए—समस्या यही थी कि तीसरे दशक के काव्य में जो अनिवार्य अगंभीरता थी, उससे मनोभूमि को फिर किस प्रकार गंभीरता की ओर वापस लाया जाए" (नयी कविता : अंक 47)। साही का कथन इसलिए सही है कि उत्तर छायावाद का अपना कोई काव्यशास्त्र नहीं है। मुक्तिबोध ने दिनकर के 'उर्वशी' काव्य को वागाडम्बर घोषित किया, जिसके पीछे मूल्यों के सरलीकरण

का विरोध महसूस किया जा सकता है। समकालीन कविता में बिम्बित होनेवाले संकटों के पदचिह्न सम्भवतः उत्तर छायावादी कविता में नहीं के बराबर हैं। निराला के बाद प्रगतिवादी कविता तद्पश्चात् प्रयोगवादी मानक संकलन 'तारसप्तक' का योगदान समकालीन कविता को प्राप्त हुआ है। कठमुल्लेपन के बावजूद प्रगतिवादी दौर में हम यह देखते हैं कि कविता जीवन के विस्तृत प्रांगण में साँस लेती नज़र आती है। कविता के सामाजिक सरोकार को काव्य-मूल्य के रूप में विकसित करने में प्रगतिवाद की रचनात्मक भूमिका है जिसे प्रयोगवाद ने अपने ढंग से विकसित किया।

सन् 1943 में 'तारसप्तक' का प्रकाशन समकालीन कविता के इतिहास-फलक में महत्त्वपूर्ण अध्याय है। कविता के क्षेत्र का क्रान्तिकारी परिवर्तन भी इसे कहा जा सकता है। उपरिवत् उद्धृत साही के वक्तव्य में यह बात स्पष्ट झलकती है। कविता को नयी राहों के अन्वेषण मानने का दृष्टिकोण इस संकलन के साथ विकसित हुआ। गम्भीर कविता-सम्बन्धी दृष्टि को विकसित करने में भी इसका योगदान है और यह मामूली बात नहीं है। कविता जहाँ बिदकती है, जहाँ वह फिसलती है, जहाँ वह पलायित होती दिखाई देती है, वहाँ इसका महत्त्व है। यह कविता के कविता-कर्म का उल्लंघन भी है और अपने सरलीकरणों को महिमामंडित करके पाठकीय चेतना को दूषित करने के ढोंग के विरुद का कविता-उपक्रम भी है। वस्तुतः तारसप्तकीय कवियों ने इसी का विरोध किया है। इसलिए तारसप्तकीय कविताओं की रचनात्मक अपरिपक्वताओं के बावजूद, उनमें समकालीन संकट की स्वीकृति पर्याप्त मात्रा में उपलब्ध होती है। युगीन संक्रमण को कवियों ने महसूस किया और इस दृष्टि से तारसप्तक एक सही शुरुआत थी।

इस प्रकरण में एक और बात भी विचारणीय है जो 'तारसप्तक' से सम्बन्धित है और वह है कि तारसप्तक के प्रकाशन के पहले ही संकटग्रस्तता का सन्निवेश कविता में होने लगा है। नामवर सिंह ने अपने ग्रन्थ 'कविता के नए प्रतिमान' में इसका विस्तृत विवेचन किया है। उन्होंने शमशेर की समीक्षा से, जो 1946 में छपी, उद्धृत किया है—"मौलिक रूप से तारसप्तक के प्रयोग अन्यत्र कई और अन्य कवियों के इससे काफी पहले के संग्रहों में मिल जाएँगे" (कविता के नए प्रतिमान से उद्धृत)। इसी की आवृत्ति नामवर सिंह के कथन में भी मिलती है, "सारांश यह कि तारसप्तक के प्रकाशन के चार-पाँच वर्ष पूर्व तारसप्तक के कवियों के अतिरिक्त केदारनाथ अग्रवाल, शमशेर बहादुर सिंह, त्रिलोचन, भवानीप्रसाद मिश्र जैसे अनेक समर्थ कवि नए ढंग की काव्य-रचना कर रहे थे" (कविता के नए प्रतिमान)। बात सही है। दरअसल तारसप्तक एक सामूहिक प्रयास है, इसलिए उसका महत्त्व है। यह कविता तक सीमित नहीं बल्कि काव्यचिन्तन तक व्याप्त है। नयी काव्याभिरुचियों की विस्तृत चर्चा उसमें हुई है। उनमें से उभरकर आए कुछ मुद्दे काफी प्रयोजनप्रद सिद्ध हुए। तारसप्तक के पहले निराला अपने

व्यक्तित्व-वैशिष्ट्य से समकालीन कविता के अग्रज बनते हैं। लेकिन तारसप्तक का सम्बन्ध एक कवि से नहीं बल्कि कवि-समुदाय से है जिसने काव्याभिरुचि को तराशा और महत्त्व की बात यह है कि समकालीन कविता के पथ को प्रशस्त किया। काव्यचिन्तन का जो उल्लेख यहाँ हुआ है वह भी साधारण नहीं है। तारसप्तक के साथ रचना और आलोचना के सहचर मानने की दृष्टि अधिक बल पकड़ती गई। कवियों की टिप्पणियों से काव्यचिन्तन की नयी अवधारणाएँ भी स्पष्ट होने लगीं।

'तारसप्तक' के साथ जुड़ा एक और विवाद विचारणीय है। वह यही है कि प्रयोगवाद (तारसप्तक का काव्यवाद) से नए काव्य का प्रस्थान माना गया है। यह मत भी प्रचलित है कि आधुनिक कविता प्रयोगवादी कविता का विकसित रूप है। अधिक प्रचलन प्रारम्भिक मत का है। ऐसे मत-मतान्तर अक्सर साहित्य के क्षेत्र में उद्भूत होते रहते हैं। उनमें कवि या कवितावाद पर केन्द्रित चर्चाएँ बल पकड़ती हैं। उनमें या तो कवि को या कवितावाद को तिरस्कृत करने या स्वीकार करने की लालसा भी बनी रहती है। इसलिए कभी-कभी चर्चाओं में अतिवादिता का आभास भी मिलता है।

इधर समकालीन कविता का उत्स निराला से माना गया है जिसके पीछे मात्र महाकवि का व्यक्ति-वैभव या उनका विराट व्यक्तित्व नहीं है। उनकी कविता भारतीय समाज का एक ऐसा नक्शा प्रस्तुत करती है जो बहिरंगतः बदल रहा है और अंतरंगतः पतनशील रहा। इस परोक्ष अन्तर्विरोध को सही ढंग से समझनेवाले कवि के रूप में निराला समकालीन कविता के सन्दर्भ में प्रमुख हो उठते हैं। उसी प्रकार प्रकारान्तर से 'तारसप्तक' के कवियों ने भी सामाजिक अन्तर्विरोध को प्रस्तुत किया है जिसके मूल में कहीं उनकी प्रगतिवादी दृष्टि कार्यरत है और कहीं उनकी व्यक्ति-केन्द्रित दृष्टि। यह विवाद उतना मुख्य नहीं है कि तारसप्तकीय चेतना से नए काव्य का विकास सम्भव हुआ या नहीं; जबकि मुख्य है तारसप्तकीय चेतना में समकालीन बोध को कहाँ तक अनुभव किया जा सकता है। उसकी मात्रा चाहे जितनी हो, समकालीन कविता के इतिहास-फलक में उस दौर की कविता का स्थान है। समय की कश्मकश और यथार्थबोध की सही सन्निहिति तथा मूल्यबोध की विभिन्न दिशाएँ उसमें विकास पा रही थीं। कविता के इस आन्तरिक संकल्पधर्मी चेतना-पक्ष को समकालीन कविता से जोड़ा जा सकता है। हिन्दी की नयी कविता ने आधुनिक कविता सम्बन्धी हमारे अवबोध को सुदृढ़ कर दिया है। स्वातन्त्र्योत्तर भारतीय जीवन को केन्द्र में रखकर नयी कविता ने अपनी रचनात्मक संभावनाएँ दर्शायी हैं।

नयी कविता के परिदृश्य को संवेदनशील बनानेवाले कवियों में कुछ ऐसे हैं जिनकी रचनाशीलता उत्तरोत्तर विकसित हुई। अपने दौर की कविता-रूढ़ियों ने उन्हें सीमित नहीं किया। यह कहना अधिक संगत प्रतीत होता है कि इन कवियों ने

समकालीन हिन्दी कविता के परिप्रेक्ष्य को निर्मित किया और उनकी कविता में अनेकानेक रचना-चिह्न अंकित किए जा सकते हैं। वह इसलिए है कि उनकी कविता का मानवीय सरोकार प्रबल है। रघुवीर सहाय ने समकालीन कविता की परिभाषा यों दी है—"मेरी दृष्टि में समकालीनता मानव-भविष्य के प्रति पक्षधरता का दूसरा नाम है" (समकालीन काव्य-यात्रा—नन्दकिशोर नवल की भूमिका से)। यह विचार कविता मात्र का नहीं है, वरन् नए विश्व का विचार है। विश्वभर में होनेवाले तमाम प्रकार के मूल्य-विघटनों एवं मानवीय त्रासदी के कारण आज यह विचार अधिक मूल्यवान हो गया है। यह एक जागरूक चेतना है और मानवीय संसक्ति (ह्यूमन कंसर्न) के प्रति मनुष्य मात्र की सही प्रतिक्रिया है। वह इसलिए बलवती है कि विकसित देशों में ही नहीं, बल्कि विकासशील देशों में भी पूँजीवादी संस्कृति विकसित होने लगी है। उसके कई अवान्तर रूप भी हैं, और नवउपनिवेशवादी दृष्टि से लेकर बाजारू संस्कृति तक उसमें शामिल हैं। आज जो कुछ हमारे सामने सरल दिखाई पड़ता है वह इतना जटिल है कि एक विकराल मानवीय समस्या है। जो जटिल है उसका अन्दाज़ा लगा पाना औसत व्यक्ति के लिए कठिन कार्य हो गया है। अतः मानवीय पक्षधरता का इच्छित आदर्श हमारे मनुष्य होने का उपक्रम मात्र है। यही सामाजिक चिन्ता समकालीन कविता की धुरी है और यही उसकी सत्तात्मक स्थिति को निर्णीत करती है। रघुवीर सहाय का यह कथन इसलिए सार्थक है कि उसमें चिन्ता की तात्कालिकता ही मुखर नहीं है, उसमें मानव मात्र के भविष्य की चिन्ता भी मुखर है। समकालीन कविता की यह मुख्य चिन्ता है।

समकालीन कविता की इस केन्द्रीय स्थिति को नयी कविता के कई कवियों ने अपना काव्य-विषय बनाया है। यह भी एक दिलचस्प तथ्य है कि इस कवि-समूह में दो ऐसे कवि हैं जिनकी काव्य-यात्रा प्रगतिवादी दौर से शुरू हुई थी। ये दो कवि—नागार्जुन और त्रिलोचन—अज्ञेय और मुक्तिबोध की पीढ़ी के पहले के हैं। प्रगतिवादी दौर से शुरू हुई उनकी रचना-यात्रा अब भी बरकरार है और समकालीन पीढ़ी के युवा कवियों के साथ उनकी रचनाशीलता की गणना होती है। इसमें वही तथ्य निकलता है कि समकालीन कविता की रचनाशीलता को आयुगत या पीढ़ीगत दृष्टियों से विश्लेषित करना ठीक नहीं है।

वय में बुजुर्ग पर रचनाशीलता में एकदम नयी पीढ़ी के नागार्जुन और त्रिलोचन की कविताएँ शुरू से सामाजिक गतिविधियों के समान्तर चलती रही हैं। सामाजिक विषयों से युक्त होने के कारण उनकी कविता में जीवन-यथार्थ की असंख्य विवृतियाँ भी हुई हैं। लेकिन उनका यथार्थ भविष्य में इतना प्रखर और तीक्ष्ण होता गया है जिसका बाह्य रूप सहज होते हुए भी अन्तरंग रूप अत्यधिक जटिल और यथार्थ के भीषण तथ्य से जुड़ा हुआ है। उनका यथार्थ आवेगयुक्त मानसिकता से आप्लावित न होकर तर्कसंगत एवं बौद्धिक है। व्यापक अनुभवों से युक्त कवि होने के कारण उनमें यथार्थ के रचे-बसे रूप को आत्मसात् करने और

उसकी संभावनाओं को महसूस करने की अदम्य शक्ति है। सम्भवतः इसी कारण से समकालीन कविता के अभिन्न अंग भी बन गए हैं।

त्रिलोचन की कविता का आस्वादन करते समय अक्सर हम गृहातुरता के वृत्त में आ जाते हैं। परन्तु यह भावुक स्थिति की परिणति भी नहीं है। वह इसलिए है कि त्रिलोलन का कविता-संसार हमारी लोकचेतना की अनुभूतियों से सृजित है। संभवतः कवि-सम्पादक सोमदत्त ने उनकी लम्बी कविता 'नगई महरा' के सम्बन्ध में यों लिखा—''आज के इस दौर में जबकि हमारे काव्य-दृश्य का अधिकांश हिस्सा जातीय चरित्र से च्युत और भूगोलहीन है, तब ऐसी कविता हमारे लिए कितनी मूल्यवान है।'' (पूर्वाग्रह का कविता विशेषांक)। 'नगई महरा' शीर्षक कविता अपना परिवेश स्वयं जुटाती है। इस प्रक्रिया ने समकालीन कविता को अपने स्व को ढूँढ़ पाने में काफी मदद पहुँचाई है। त्रिलोचन की कविता ने इस अर्थ में समकालीन कविता के लिए पर्याप्त रचना संकेत दिए हैं। 'नगई महरा' कविता की कुछ पंक्तियाँ यों हैं :

चौकीदार ने पुकारा
लो नगई और लखमनी
दोनों हाथ जोड़े, सिर झुकाए हाज़िर हुए
फिर उसका दोस बतलाकर पूछा गया
अपना दोस मानते हो
मानते हैं—दोनों ने साथ कहा—
पूछा गया, डाँड, बाँध, तुम को मंजूर है
सिर माथे हम को मंजूर है, दोनों बोले
पंचों ने कहा, दस रुपए डाँड है, भगत देना होगा
यह भी मंजूर है।

यह प्रवृत्ति मात्र उसकी परवर्ती कविताओं की ही नहीं है। उनके प्रथम काव्य-संकलन 'धरती' की कविता 'चम्पा काले-काले अच्छर नहीं चीन्हती' में भी इसी कवि-दृष्टि का संयोजन हुआ है :

चम्पा सुन्दर-सी लड़की है
सुन्दर ग्वाला है : गायें भैंसें रखता है
चम्पा चौपायों को लेकर
चरवाही करने जाती है
चम्पा अच्छी है
चंचल है
नटखट भी है।

त्रिलोचन के समान नागार्जुन की कविता ने जातीय चरित्र के पक्ष को प्रक्षेपित किया है। मगर यह पक्ष कविता की वस्तुगत यथातथ्यता से स्वयं उद्भूत होने के कारण उन तत्त्वों की द्वन्द्वात्मकता का अपना कवितागत परिवेश भी सृजित होता है जो समकालीन कविता की रचनाभूमि का अपना है। नागार्जुन की 'अकाल और उसके बाद' शीर्षक कविता ('सतरंगों पंखोंवाली' संकलन) दोहा छन्द में उतरकर अपना एक विशिष्ट लोकवृत्त बना लेती है। पर उनके असंख्य चित्रों में सिर्फ गरीबी का वर्णन ही नहीं मिलता बल्कि एक पूरा परिवेश जीवन्त होता है। मनुष्य से सम्बद्ध यह कविता मनुष्य का अंकन खुलेआम करती नहीं है। पर इसमें मनुष्य का रूप भरा पड़ा है और यह एक पूर्ण चित्र है :

कई दिनों तक चूल्हा रोया, चक्की रही उदास
कई दिनों तक कानी कुतिया सोई उनके पास
कई दिनों तक लगी भीत पर छिपकलियों की गश्त
कई दिनों तक चूहों की भी हालत रही शिकस्त।
दाने आए घर के अन्दर कई दिनों के बाद
धुआँ उठा आँगन से ऊपर कई दिनों के बाद
चमक उठीं घर भर की आँखें कई दिनों के बाद
कौए ने खुजलाईं पाँखें कई दिनों के बाद।

नागार्जुन का कविता-संसार इतना विस्तृत है कि उसमें भारतीय मानस की कई अवस्थाएँ खुलती नज़र आती हैं। परिधियों को तोड़ने की यह प्रवृत्ति नागार्जुन ने अनुभव के खरेपन से प्राप्त की जिसके लिए वे व्यंग्य का माध्यम अपनाते हैं। सहज अनुभवों की सहज कविता युग ही क्यों, भाषायी परिधि को भी तोड़ती है। नागार्जुन जनवादी कविता के प्रामाणिक कवि बनकर समकालीन कविता से जुड़ते हैं। जनवादी प्रवृत्ति समकालीन कविता की अन्तरंगता से जुड़ी है जिसको नागार्जुन सरीखे कवियों ने पुष्ट किया। जनवादिता आज की समूची आकांक्षा है जिसे 'हरिजन गाथा' जैसी कविता में अभिव्यक्ति मिली है। 'एक मित्र को पत्र' शीर्षक कविता में नागार्जुन की यह दृष्टि विकसित होती है :

यदि कदाचित्
जेठ औ' आषाढ़ के बोझिल दिनों की
यह सिसकती साँझ
तुम को स्मृति दिलाए
....
तो तुम्हारे कंठ से ही
महाकवि मेरा गरजने जा रहा है :
दूत बनकर मेघ विरहिन को न आगे ठग सकेगा

नहीं कविकुल गुरु धरा की ठोस मिट्टी छोड़ नभ को ढँक सकेगा
मन्द क्रम के छन्द वे हो जाएँगी द्रुतगामी
नहीं होंगे दास, होगा नहीं स्वामी।

इसकी मुद्रा पहचान की है। काव्य-सौन्दर्य और मानवीय आकांक्षा को विलयित करके उन्होंने यह पहचान बनायी है जो समकालीन कविता की भी पहचान है।

नयी कविता की दो प्रमुख प्रवृत्तियों के प्रतिनिधि कवियों के रूप में ही नहीं बल्कि नयी कविता के प्रतिष्ठापक कवियों के समान आधुनिक हिन्दी कविता-जगत् में अज्ञेय और मुक्तिबोध अवतरित होते हैं। हिन्दी की नयी कविता की यही विशेषता है कि उसमें एकदम भिन्न दिखाई पड़नेवाली काव्य-प्रवृत्तियों की सहस्थिति है। जीवन के बहुआयामी जटिल अनुभवों और अपने इच्छित काव्यानुभवों को इन दोनों कवियों ने अपने ढंग से तराशे हुए शब्दों में ढाला है। निर्विवाद रूप से कहा जा सकता है कि दोनों के काव्यानुभव अभौम हैं। परन्तु दोनों की काव्याकांक्षाएँ और काव्यापेक्षाएँ अलग-अलग हैं। अज्ञेय व्यक्ति-सत्ता की सृजनात्मकता और समष्टि के लिए उसके अंशदान को महत्त्वपूर्ण समझनेवाले कवि हैं। इसलिए व्यक्तित्व की खोज के रूप में उनकी कविता-यात्रा को संकेतित किया जा सकता है जो अन्ततः स्वतंत्रता की खोज भी है। अलावा इसके अज्ञेय की कविता में विराट चेतना के प्रति समर्पण का भाव भी मुखरित है जिसके कारण नवरहस्यात्मक अनुभूतियाँ भी उनमें गुम्फित दिखायी पड़ती हैं। संघर्ष की चेतना भी अज्ञेय की कविता में उपलब्ध है; लेकिन मूल्य-चिन्ता के रूप में। उन्होंने संघर्ष को सामाजिकता से ओतप्रोत नहीं किया है बल्कि उसे मूल्यबोध का तुल्यार्थी माना है। यहीं से अज्ञेय का पथ मुक्तिबोध से अलग हो जाता है। मुक्तिबोध जीवन के वास्तविक संघर्ष के कवि हैं। समझौता न करनेवाली सुलगती आग के समान उन्होंने संघर्ष-तत्त्व को अपनी कविताओं में सुरक्षित रखा है। मुक्तिबोध की कविता को हम अपनी वर्गगत आकांक्षा की कविता भी कह सकते हैं। सामाजिक अन्याय के प्रतीकों से भरी उनकी कविता सर्वहारा वर्ग की आकांक्षाओं को शब्दबद्ध करती है और पूँजीवादी संस्कृति के अवसान का स्वप्न देखती है। इसी एक स्वप्न-साक्षात्कार के लिए उन्होंने अपने निजी जीवन को तथा काव्य-जीवन को पूरी तरह से समर्पित किया। इस एक ध्रुव पर खड़े मुक्तिबोध विराटता के सम्मुख हाथ फैलाकर, सृजनात्मकता को अपने में समाविष्ट करने की इच्छा से खड़े अज्ञेय से एकदम भिन्न दिखाई पड़ते हैं।

यह एक प्रश्न स्वाभाविक और सहज है कि इन दो कवियों में किसकी रचनादृष्टि ने समकालीन कविता को सर्वाधिक प्रेरित और प्रोत्साहित किया है और उसका उत्तर मुक्तिबोध के पक्ष में ही जा सकता है जो सही भी है। यद्यपि नयी कविता के उत्कर्ष-काल में ही मुक्तिबोध चल बसे, फिर भी उनका बसाया

कविता-संसार आज भी जीवित है। लेकिन इसका यह अर्थ नहीं है कि अज्ञेय की कविताओं की कोई प्रासंगिकता नहीं है। अज्ञेय की रचनात्मकता में कुछ ऐसे तत्त्व अवश्य हैं जिनमें समकालीन कविता के पदचिह्न ढूँढ़े जा सकते हैं। इस प्रकरण में वस्तुतः वही विवेच्य विषय भी है।

अज्ञेय की प्रारम्भिक कविताओं पर प्रकाश डालते हुए केदारनाथ सिंह ने उनकी रचनात्मक सम्भावना पर विचार किया है। लेकिन उनका दृष्टिकोण यह भी है कि अज्ञेय में वह सम्भावना उत्तरोत्तर विकसित नहीं हुई। केदारनाथ सिंह ने उनकी 'घृणा के गान' शीर्षक कविता की पंक्तियाँ उद्‌धृत की हैं—''सुनो, तुम्हें ललकार रहा हूँ, सुनो घृणा का गान/तुम, जो भाई को अछूत कह वस्त्र बचाकर भागे/तुम, जो बहनें छोड़ बिलखती बढ़े जा रहे आगे/रुक कर उत्तर दो, मेरा है अप्रतिहत आह्वान/सुनो, तुम्हें ललकार रहा हूँ, सुनो घृणा का गान''। आगे उनका कथन है—''क्या यह अजीब नहीं लगता कि क्रमशः एकान्त और जटिल अनुभूतियों की ओर बढ़ता जानेवाला यह कवि ऊपर की पंक्तियों में कितनी साफ और बेलौस भाषा में अपनी घृणा की अभिव्यक्ति करता है। कविता की दृष्टि से चाहे ये पंक्तियाँ सपाट लगें पर इनसे अज्ञेय के भीतर के उस आरम्भिक द्वन्द्व का संकेत मिलता है जो उनकी शुरू की कविताओं को एक गहरे स्तर पर प्रभावित करता सा जान पड़ता है। यदि यह द्वन्द्व उत्तरोत्तर रचना के स्तर पर अधिक तीव्र और गहन होता गया होता तो संभव है कि अज्ञेय के संपूर्ण काव्य का कलेवर ही कुछ और होता'' (विश्वनाथ प्रसाद तिवारी द्वारा संपादित 'अज्ञेय' शीर्षक ग्रन्थ से)। एक खुले व्यक्ति के बन्द हो जाने की विडंबनापूर्ण यात्रा के रूप में उन्होंने अज्ञेय की कविता को देखा है। सामाजिक अन्तर्विरोधों के केन्द्र में कविता को आँकते समय ऐसी प्रतीति ही उनकी कविता दे रही है। मानवीय ऊष्मा के कम होने का आभास भी मिलता है। दरअसल बात यह है कि उनकी कविता की वस्तु उससे अलग होती गयी। लेकिन जहाँ उन्होंने व्यक्ति और समाज के सामंजस्य पर बल दिया वहाँ यह द्रष्टव्य है कि उनका दृष्टिकोण समाज-विरोधी नहीं है :

हम नदी के द्वीप हैं
हम नहीं कहते कि हमको छोड़कर स्रोतस्विनी बह जाय।
वह हमें आकार देती है।
हमारे कोण, गलियाँ, अन्तरीप, उभार, सैकत कूल,
सब गोलाइयाँ उसकी गढ़ी हैं।
माँ है वह। है, इसी से हम बने हैं।

इस प्रकार की पंक्तियों का चयन मात्र करके उन्हें सामाजिक दृष्टि से ओतप्रोत कवि के रूप में प्रस्तुत करना इस विवेचन का मकसद नहीं है। ऐसी कई कविताएँ मिल सकती हैं।

समाज के अन्तर्विरोधों के समान ही मुख्य है जीवन में व्याप्त मूल्यहीनता। उसके प्रसार के सम्मुख सब कुछ तुच्छ और बौना नज़र आता है। 'बावरा अहेरी' शीर्षक कविता का सही वाचन हमें इसी तथ्य की ओर ले जा सकता है। तकनीकी तंत्र के विकास को अदूरदर्शिताओं और उसके दुष्परिणामों का संकेत देकर आज की मशीनी संस्कृति पर प्रकाश डालना उक्त कविता का उद्देश्य नहीं है। यह कविता गम्भीर वाचन की माँग करती है। उसमें सौन्दर्य-दृष्टि के ध्वंसित हो जाने का संकेत विकसित होता है जिसके लिए उन्होंने प्रकृति-दृष्टि का सहारा लिया है। मिथक के उपयोग के कारण प्रकृति-सान्निध्य सर्जनात्मक अनुभव में परिणत होता है जिसके विपरीत विकसित अरचनात्मक स्थितियों को भी प्रस्तुत किया गया है :

कलस-तिसूल वाले मन्दिर शिखर से ले
तारघर की नाटी मोटी चिपटी गोल धुस्सोंवाली
उपयोग-सुन्दरी
बेपनाह काया को :
गोधूली की धूल को, मोटरों के धुएँ को भी
पार्क के किनारे पुष्पिताग्र कर्णिकार की आलोक-खची तन्वि
रूप-रेखा को
और दूर कचरा जलानेवाली कल की उद्दण्ड चिमनियों को, जो
धुआँ यों उगलती हैं मानों उसी मात्र से अहेरी को हरा देंगी।

प्रस्तुत कविता 'प्रकृतिपरक कविता' नहीं है। प्रकृति पर हुए हस्तक्षेप को प्रकृति-प्रेमी कवि रूप में विन्यासित करना भी उनका उद्देश्य नहीं है। यह हस्तक्षेप बहुआयामी सांस्कृतिक विघटन का प्रतिरूप है। वह सबसे पहले हमारी स्वच्छता पर वार करता है, हमारी चेतना को जड़ता में परिवर्तित करता है और हमारी अन्तश्चेतना की अभूतपूर्व सृजनशक्ति को मिटाता है। इन कुछ ध्वन्यात्मक स्थितियों के कारण यह कविता अपने काव्य-विषय का अतिक्रमण करती है और स्वयमेव समकालीन हो जाती है। यह इसलिए समकालीन संसक्ति से युक्त रचना है क्योंकि इसमें उपनिवेशवादी संस्कृति के प्रसार को सही मायने में पहचाना गया है। यह ऐसा आतंक है जो आज प्रत्येक समाज के ऊपर व्याप्त हुआ है। अज्ञेय ने उसे हमारी संवेदनक्षमता पर हुए हस्तक्षेप के रूप में देखा है।

उनकी एक अन्य कविता है 'औद्योगिक बस्ती'। इस कविता की बुनावट चित्र-संयोजन के रूप में हुई है। अलग-अलग चित्रों के रूप में देखें तो यह एक औद्योगिक बस्ती का समग्र चित्र है। परंतु चित्र-संयोजन की जो विधि इसमें अज्ञेय ने अपनायी है वह स्थितियों की विडंबना को संकेतित करने में सहायक ही नहीं बल्कि उसमें निहित अमानवीयता को दर्शाने में सफल भी है :

पहाड़ियों से घिरी हुई इस छोटी सी घाटी में
ये मुँह झौंसी चिमनियाँ बराबर
धुआँ उगलती रहती हैं।
भीतर जलते लाल धातु के साथ
कमकरों की दुस्साध्य विषमताएँ भी
तप्त उबलती जाती हैं।
बँधी लीक पर रेलें लादे माल
चिहूँकती और रँभाती अफराए डाँगर सी
ठिलती चलती जाती हैं।
उद्यम की कड़ी कड़ी में बँधते जाते मुक्तिकाम
मानव की आशाएँ ही पल पल
उसको छलती जाती हैं।

स्थितियों की सरलता में गतिशीलता है, पर उसी में जड़ता का भी अंग है। लेकिन उसे अनदेखा किया जाता है क्योंकि वह बाह्यतः असंगत नहीं है। उक्त कविता में रासायनिक वस्तुओं के साथ कामगरों की आकांक्षाएँ तप्त उबलती हैं। उनमें मुक्ति की कामना है पर उनकी मुक्ति-कामना फलीभूत नहीं होती। इस अन्तर्विरोध को उन्होंने पहाड़ियों से घिरी हुई चिमनियों से युक्त कारखानों से जोड़ा है। शोषण के मौन प्रसार और उसकी विकरालता को अज्ञेय ने प्रस्तुत किया है। पर कविता के वस्तुविन्यास को प्रखर बनाने के हेतु कवि ने शब्दों को धारदार भी बनाया नहीं है। 'औद्योगिक बस्ती' शीर्षक कविता समकालीन कविता की समीपवर्ती रचना है और उसका द्वन्द्व मानवीय है। अपनी पक्षधरता व्यक्त करने के बजाय कवि ने उस मानवीय द्वन्द्व को व्यक्त किया है जो उक्त कविता को एक सघन रचना में परिवर्तित कर रहा है। उसमें मानवीय भविष्य की बात ही गुंफित है। यद्यपि अज्ञेय की पूरी रचनात्मकता में ऐसी कविताओं की संख्या अधिक नहीं है फिर भी समकालीन कविता के बृहत्तर मंच पर उनकी सृजनशील दृष्टि की अहम भूमिका रही है।

मुक्तिबोध नयी कविता के सर्वाधिक महत्त्वपूर्ण कवि हैं। उनकी विशेषता यही है कि उन्होंने भविष्य की कविता को परिभाषित किया। हिन्दी की समकालीन कविता मुक्तिबोध की ऋणी है। निराला में भी हम यह देखते हैं कि उनकी कविताओं ने तद्‌युगीनता का उल्लंघन भर किया नहीं है। मुक्तिबोध की कविता भी तद्‌युगीनता का उल्लघंन भर नहीं। प्रत्येक भाषा की अपनी देशीय अस्मिता को सुस्थापित करने तथा प्रदेश-विशेष की आकांक्षाओं को आजमाने एवं उसे व्यापक बनाने की दक्षता जब एक कविता सहज रूप से प्राप्त करती है तभी वह सीमा पार कर जाती है। मुक्तिबोध की कविता अपने समय की कविता है और हिन्दी के भविष्य की भी

कविता है। इस अर्थ में ही उनकी कविता समकालीन हो जाती है। 'अँधेरे में' शीर्षक कविता की दो पंक्तियाँ इस प्रकार हैं :

कविता में कहने की आदत नहीं है, पर कह दूँ
वर्तमान समाज चल नहीं सकता।

यह कवि की घोषणा नहीं है। यह कवि की पहचान है और कविता की भी। यहाँ 'वर्तमान' उनके अपने वर्तमान तक सीमित नहीं होता है; यह प्रत्येक काल का वर्तमान है। वर्तमान समाज ऐसे में चल नहीं सकता। पहचानबद्ध यह चेतावनी उनकी समकालीन प्रासंगिकता को दुहरे-तिहरे आयाम में प्रस्तुत करती है।

मुक्तिबोध ने कविता को 'कालयात्री' कहा है। उनके द्वारा प्रयुक्त एक अन्य शब्द है 'जनचरित्री'। उनकी कविता के संदर्भ में ये निरे संकेत-शब्द नहीं हैं। उनकी कविता की समग्रता को ध्वनित करनेवाले इन शब्दों ने वस्तुतः समकालीन कविता की नींव डाली। यह कालयात्री कविता के अंतरंग और बहिरंग संघर्ष को प्रक्षेपित करनेवाला शब्द है। 'जनचरित्री' शब्द उनकी काव्यापेक्षा को व्यक्त करनेवाला है। यह मात्र जनवादी रुझान का आग्रह नहीं है। जैसे उनकी कविता यथार्थ और अयथार्थ स्थितियों, फैंटसियों एवं प्रतीक-मिथक शैली का मिला-जुला रूप प्रस्तुत करती है उसी मात्रा में वह सामान्य जीवन की अंतरंगताओं को इतिहास के बृहत्तर परिप्रेक्ष्य में झाँकती भी है। अतः 'जनचरित्री' अपने आप समकालीन कविता का पारिभाषिक शब्द भी बन गया है।

मुक्तिबोध का कविता-संसार अपनी बनावट में विचित्र है। क्या यह मुक्तिबोध में सहज रूप से विकसित है या जानबूझकर उनके द्वारा विकसित किया गया है। यहाँ उनकी 'डायरी' में शामिल 'कविता का तीसरा क्षण' शीर्षक लेख का उल्लेख किया जा सकता है जिसमें उन्होंने आभ्यन्तरीकरण पर जोर दिया है। यह उनके आत्मसंघर्ष का परिणाम है। यही नहीं, मुक्तिबोध ने जिस संसार को—सतह में प्राप्त समाज का वह रूप नहीं, अपितु उसका सही रूप रचा है, वह भी विचित्र है। "मुक्तिबोध के काव्य-संसार की पृष्ठभूमि में असंदिग्ध रूप से ऐसी शासन-व्यवस्था की सत्ता है जो निहायत चालाक होने के साथ बेहद आततायी है। कर्फ्यू और मार्शल लॉ इस सत्ता के आम तरीके हैं। कालक्रमानुसार कविताओं को देखने से पता चलता है कि इस व्यवस्था का आतंककारी रूप क्रमशः बढ़ता जा रहा है" (कविता के नए प्रतिमान—नामवर सिंह)। नामवर सिंह का यह निरीक्षण उनकी कविता के एक सशक्त पक्ष से संबंधित है और वह है राजनीति का। जनतांत्रिक व्यवस्था के भीतर पल रही शोषण-व्यवस्था को, जिसे राजनीति ने अपना मूल स्वभाव बना लिया है, मुक्तिबोध ने बहुत-सी कविताओं में प्रस्तुत किया है। परंतु आततायी सत्ता और उसकी पूँजीवादी निजता अगर उनकी कविता में क्रमशः विकसित होनेवाली प्रवृत्ति है तो उसी के अनुपात में मुक्तिबोध ने 'जनचरित्री' के

पक्षधर कवि होने के कारण क्रमशः जनाकांक्षा के विकास को भी दर्शाया है। व्यवस्था के आतंककारी रूप के समक्ष 'कुहरे में से छनकर आनेवाले' 'सर्वहारा वर्ग के प्रतिरूप को भी उन्होंने प्रस्तुत किया है। वस्तुतः वही उनकी कविता का विकल्प है जिसे उन्होंने अपनी सौन्दर्यशास्त्रीय दृष्टि से जोड़ा है। उनकी कविता का सौन्दर्य इसी प्रतिरोधक शक्ति का सौन्दर्य है। समकालीन कविता ने इसी मुक्तिबोधीय सौन्दर्य को विकसित किया है। सौन्दर्य के पुराने निष्कर्षों को यह बदलता भर नहीं है वरन् सौन्दर्य की नयी पटभूमि उनकी कविता स्वयं तैयार करती है, जिसे समकालीन कविता ने विरासत के रूप में स्वीकार किया है।

'भूल-गलती' शीर्षक मुक्तिबोध की कविता ('चाँद का मुँह टेढ़ा है' की प्रथम कविता) का विश्लेषण करें तो उनकी विरासत का पता लग सकता है। 'भूल-गलती' को शाही अन्दाज़ में प्रस्तुत करने के पीछे उनके इतिहासबोध का गहराता परिचय मिलता है। इतिहास ही एकमात्र गवाह है कि उसने अपने असंख्य मोड़ों पर भूल-गलतियों की इस तब्दीली को सहन किया है :

भूल-ग़लती
आज बैठी है जिरहबख़्तर पहनकर
तख़्त पर दिल के;
चमकते हैं खड़े हथियार उसके दूर तक,
आँखें चिलकती हैं नुकीले तेज़ पत्थर सी;
खड़ी हैं सिर झुकाए सब कतारें
बेज़ुबाँ बेबस सलाम में
अनगिनत खम्भों व मेहराबों-थमे
दरबारे-आम में।

परन्तु मुक्तिबोध भविष्यद्रष्टा हैं। इसलिए उनकी कविता में वह पहचान धीरे-धीरे विकसित होती है जो उनकी इच्छित दृष्टि को ही बिम्बीकृत करती है। लेकिन यह आशावादिता का सतही स्वरूप नहीं, इतिहास का ही पृष्ठ है। शोषण के तमाम सौन्दर्ययुक्त आडंबरों के विरुद्ध उठनेवाला स्वर एक ऐसा सच है जिसको मुक्तिबोध ने उदात्तीकृत किए बगैर प्रस्तुत किया है :

क़तारों में खड़े खुदग़र्ज़ बाहथियार
बख़्तरबन्द समझौते
सहमकर, रह गये;
दिल में अलग जबड़ा, अलग दाढ़ी लिए
दुमुँहेपन के सौ तजुर्बों की बुजुर्गी से भरे,
दढ़ियल सिपहसालार संजीदा

सहमकर रह गये।

मुक्तिबोध की कवि-दृष्टि प्रकट औदात्य में परिणत होती है। वायवीय स्वप्नों से आच्छादित आकांक्षा के वे शब्दकार नहीं हैं, बल्कि उनके शब्द इतिहासानुप्राणित आकांक्षा को व्यक्त करते हैं :

हमारी हार का बदला चुकाने आयेगा
संकल्पधर्मी चेतना का रक्त प्लावित स्वर,
हमारे ही हृदय का गुप्त स्वर्णाक्षर,
प्रकट होकर विकट हो जाएगा !!

यह मुक्तिबोध का विकसित व परिपक्व आत्मबोध है जिसे उन्होंने सृजनशील विस्फोटक सामाजिक बोध में परिवर्तित किया है। 'भूल-गलती' का वही स्वर 'लकड़ी का बना रावण' में भी मिलता है :

बढ़ न जायँ
छा न जायँ
मेरी इस अद्वितीय
सत्ता के शिखरों पर स्वर्णाभ,
हमला न कर बैठें ख़तरनाक,
कुहरे के जनतन्त्री
वानर ये, नर ये !!

यह भय उत्तरोत्तर विकसित होता है और शिखरस्थ सत्ता को चकनाचूर कर देता है। सत्ताधारी प्रभुत्व के विरुद्ध जनाभियान का पक्ष ही कवि की इच्छित दृष्टि है। कविता का अंश है :

हाय, हाय
उग्रतर हो रहा चेहरों का समुदाय
और कि भाग नहीं पाता मैं
हिल नहीं पाता हूँ
मैं मंत्र-कीलित-सा, भूमि में गड़ा-सा,
जब खड़ा हूँ
अब गिरा, तब गिरा
इसी पल कि उसी पल...

मुक्तिबोध कविता की आत्मपरकता से असंतुष्ट रहे और उससे निर्मित होनेवाली सौन्दर्यदृष्टि के नितांत खिलाफ भी। इसलिए उनकी कविताओं ने स्वयं नयी सौन्दर्य-दृष्टि की पक्षधरता व्यक्त की है। 'भूल-गलती' या 'लकड़ी का बल

रावण' आत्मपरकता को तोड़नेवाली कविताएँ हैं। जड़ीभूत सौन्दर्यानुभूति की वे ऐसी कविताओं के माध्यम से तिरस्कृत भी कर रहे हैं। 'अँधेरे में' नामक कविता में भी यह रुझान है जो समकालीन का सशक्त प्रतिनिधित्व करती है।

समकालीन कविता का सही परिदृश्य मुक्तिबोध द्वारा तैयार किया जा चुका है। मुक्तिबोध की कविताओं में कविता-संबंधी जितनी बातें मिलती हैं वे समकालीन कविता के अग्र वाक्य हैं। चाहे वह 'नहीं होती, कहीं भी खत्म कविता नहीं होती' या 'कल होनेवाली घटनाओं की कविता' हो। दरअसल ये कविता की परिभाषाएँ नहीं हैं। इनमें कविता-संबंधी एक नयी पहचान प्राप्त होती है जो सूत्र वाक्यों के सतहीपन से मुक्त, पर कविता की गहराई से समग्रतः जुड़ी हुई है। यह आकस्मिक नहीं है कि उनका दूसरा कविता-संकलन 'भूरी-भूरी खाक धूल' अपनी तीव्र संवेदनात्मक गहराई के कारण समकालीन कविता का सही सहभागी कवि-कर्म का परिचय देता है।

नयी कविता मे अज्ञेय और मुक्तिबोध के अलावा अन्य कई कवियों की भी रचनात्मक भूमिका रही है जिसने समकालीन कविता की पीठिका का शिलान्यास किया। यह सही है कि अज्ञेय और मुक्तिबोध की कविताएँ केन्द्र में थीं। किन्तु सन् 1970 के बाद डेढ़ दशक तक की हिन्दी कविता में या कुल दो दशक की कविता में अनेक कवियों की वास्तविक भूमिका रही है। उनकी रचनात्मकता की यह भी विशेषता है कि वे परिपक्वता के आकांक्षी भी हैं। इसलिए नयी कविता के दौर में उनकी कविताएँ सही ज़मीन तलाश कर चुकी थीं और आगामी युग की कविता की स्थिति का आभास भी दे रही थीं। उन कवियों में प्रमुख हैं शमशेरबहादुर सिंह, रघुवीर सहाय, केदारनाथ सिंह, विजयदेव नारायण साही, सर्वेश्वर दयाल सक्सेना और श्रीकान्त वर्मा। यह कवि-सूची संकीर्ण दृष्टि की उपज नहीं है। इनके माध्यम से यह सिद्ध करने का प्रयत्न नहीं किया जा रहा है कि ये ही या मात्र ये ही नयी कविता के सफल और समर्थ कवि हैं। प्रकारान्तर से इनकी कविताओं का महत्त्व कुछ अधिक है। सन् 1970 के बाद रचनारत होने से इनका महत्त्व नहीं बढ़ा है। अपने प्रारंभिक दौर में भी समय की विडंबनाओं के सही एहसास देने में ये कवि सफल निकले और उनकी कविता-यात्रा का अंतरंग स्तर (डीप स्ट्रक्चर) निरंतर बदलता रहा। इसलिए आगे के समय की भयावहता को वे भाँप सके। दरअसल यही उनकी प्रासंगिकता है।

सवाल यह पैदा हो सकता है कि नयी कविता के दूसरे कवियों की क्या स्थिति है और वे गिने क्यों नहीं जा रहे हैं ? धर्मवीर भारती, भवानीप्रसाद मिश्र, नरेश मेहता आदि क्या प्रासंगिक नहीं हैं ? इस प्रसंग में यही कहना संगत प्रतीत होता है कि नयी कविता के दौर में अन्य कवि भी कम महत्त्वपूर्ण नहीं हैं। उनकी कविता ने नयी कविता को आगे बढ़ाया है। समकालीन कविता तक आते-आते ये पिछड़ते गए हैं। यह कथ्य आरोप-सा प्रतीत हो सकता है। पर उनकी

कविता-स्थिति जिस अनुपात में नयी कविता के दौर में संवेदनशील सिद्ध हुई उसी अनुपात को परवर्ती समय में सुरक्षित नहीं रख पाई।

नयी कविता में जीवन के प्रति आस्था है और उसका दृष्टिकोण न एकांगी है, न उदात्त। उसमें मनुष्य अपने समय की आवयविक स्थिति के साथ अवतरित होता है। उसकी आस्थावादी दृष्टि बौद्धिक और यथार्थग्राही रही है। इसी से वस्तुतः आधुनिक कविता की नींव डाली। उसकी आस्था में व्यक्तिबद्ध दृष्टि है। स्वत्व को पहचानने का उपक्रम है। धर्मवीर भारती ने 'कनुप्रिया' एवं 'अन्धा युग' में अनास्था के यथार्थ के बीच से अपनी आस्था को आरेखित करने का कार्य किया है। कनुप्रिया के प्रश्नों में. समय की अनास्था का स्वर ही मुखरित है :

हारी हुई सेनाएँ जीती हुई सेनाएँ
नभ को कँपाते हुए युद्धघोष, क्रन्दन स्वर
भागे हुए सैनिकों से सुनी हुई
अकल्पनीय अमानुषिक घटनाएँ युद्ध की
क्या ये सब सार्थक है ?

युद्ध के अवशेषों का दृश्य अवतरित करके मानवीय नृशंसता का मंच कवि हमारे लिए खोल देता है। लेकिन राधा के आवृत्तिजनक स्वर में जीवनाकांक्षा का स्वप्न ही रंगीन हो रहा है। आंशिक मात्रा में रोमैंटिक प्रतीत होते हुए भी जीवन-यथार्थ से यह स्तर संपृक्त होता है। अनास्था के बीच आस्था का अन्वेषण है। यह बात 'अन्धा युग' में भी है :

मैं विदुर हूँ
कृष्ण का अनुगामी, भक्त और नीतिज्ञ
पर मेरी नीति साधारण स्तर की है
और युग की सारी स्थितियाँ असाधारण हैं
और अब मेरा स्वर संशयग्रस्त है
क्योंकि लगता है कि मेरे प्रभु
उस निकली धुरी की तरह हैं
जिसके सारे पहिए उतर गए हैं
और जो खुद घूम नहीं सकती।

गान्धारी और विदुर के संवादों में आस्थाजनक द्वन्द्व को उभारा गया है। जीवन के खंड-सत्यों के बीच बिखरे जीवन-यथार्थ को समेटने का प्रयास कविता में उपलब्ध है।

नरेश मेहता ने एक अन्य पौराणिक प्रसंग के आधार पर आस्था पर ज़ोर दिया है। राम के संशय में यही आस्था झलकती है। पर इस कथा-काव्य में राम

संशय से उभरते दिखाई देते हैं कि उन्हें युद्ध व्यक्तिगत स्वार्थ से युक्त लगता है। वे व्यक्तिगत रूप में युद्ध के विरुद्ध हैं। पर युद्ध को सामाजिक निर्णय में परिणत करके जब राम संशय से उबरते हैं तो आस्था के अन्य पक्ष भी मुख्य हो जाते हैं :

मैंने अपने को सौंप दिया
ज्वारों को
विवश धरती सा सौंप दिया
अपने को सौंप दिया
अब मैं निर्णय हूँ सबका
अपना नहीं।

पौराणिक प्रसंग का सन्निवेश कुँवर नारायण ने भी किया है, लेकिन उनका काव्य-सन्दर्भ अलग है। उनकी दृष्टि कहीं-कहीं अस्तित्ववादी भी रही है। अन्तर्जगत और बाह्य जगत के अस्तित्व सम्बन्धी पहलुओं को ही उन्होंने प्रधानता दी है। उनके दूसरे कविता-संकलन की भूमिका में कुँवर नारायण का कथन है—"हम दो तरह के संसारों में रहते हैं, एक तो वह जो हममें से हर एक अपने लिए बनाता है, दूसरा वह जो हम सब मिलकर एक-दूसरे के लिए बनाते हैं। 'मैं' जिस संसार का आरम्भ है 'हम' उसका अन्त नहीं—दूसरा रूप है। दोनों यथार्थ हैं और एक दूसरे पर निर्भर है, या दोनों ही यथार्थ नहीं और एक दूसरे के लिए मिथ्या है" (परिवेश : 'हम तुम'—भूमिका)। 'चक्रव्यूह' शीर्षक में टटोलने का भाव है। अस्तित्व-बोध की सूक्ष्म रचनाएँ मिलती हैं :

कौन कब तक बन सकेगा कवच मेरा ?
युद्ध मेरा मुझे लड़ना
इस महाजीवन समर में अन्त तक कटिबद्ध।

पौराणिक मिथक का संस्पर्श होते हुए भी उपरोक्त कविता में मानवीय अस्तित्व का संकट ही विवृत हो रहा है। 'आत्मजयी' में अस्तित्ववादी दर्शन से बिलगाव कवि की तरफ से सूचित है। फिर भी वह एक दार्शनिक कृति है। औपनिषदिक कथा को ग्रहण करके मृत्यु-चिन्तन के माध्यम से जीवन के बहुआयामी अर्थस्तरों को खोजने का कार्य ही कुँवर नारायण ने प्रस्तुत काव्य में किया है। अपने 'स्व' की चिन्ता के कारण इसमें अस्तित्ववादी रुझान कम नहीं है। नचिकेता के द्वैत में यह स्पष्ट होता है। एक उदाहरण यों है :

मैं अपनों के हठात् सत्यों से दंडित हूँ
उनके विमूढ़ विश्वासों से हारा हूँ
उनकी नादानी से

कुछ ऐसे अपराधी साबित हूँ
मानो अपना ही हत्यारा हूँ।
जीवन में यह कैसा कुटिल द्वैध ?
ये कैसे विधान-निर्भय जीना अवैध ?
जीवित हूँ ? या केवल अपहृत ?
संज्ञा हूँ ? या केवल व्यवहृत हूँ ?

इसमें व्यक्ति-मूल्यों के अतिक्रमण की कोशिश है और सार्वकालिक मूल्यों की खोज का प्रयास है। कुँवरनारायण एक विकासमान कवि हैं और जीवन-यथार्थ को संवेदन-स्तर पर व्यक्त करते हैं। 'कोई दूसरा नहीं' की कविताएँ इसे प्रमाणित करती हैं।

'गीतफरोश' के कवि भवानीप्रसाद मिश्र ने अपनी एक अचर्चित कविता —'कहीं नहीं बचे' में अपनी प्रकृति-दृष्टि का परिचय दिया है। इस कविता को नयी कविता के दौर में लिखी गई 'इको पोयट्री' के अन्तर्गत भी समझा जा सकता है। यह जरूर है कि हिन्दी में उस समय ही नहीं समकालीन दौर में भी 'इको पोयट्री'—पारिस्थितिक कविता—की अवधारणा बलवती नहीं है। प्रकृति-मोह से अलग प्रकृति-दृष्टि से ओतप्रोत यह कविता प्रकृति का पक्ष लेते हुए अन्ततः मनुष्य का पक्ष लेती है। इसलिए भवानीप्रसाद मिश्र की कविता प्रकृति-शोषण की निरी वक्तव्यबाजी से मुक्त दीखती है :

आँखों में
घिरता है अँधेरा घुप
दिन दहाड़े यों
जैसे बदल गई हो
तलघर में
दुनिया।

कविता का यह संकेत भीषणता का सही सन्निवेश है। मुक्तिबोधीय कर्कशता का एहसास न होने पर भी यह सरल कविता की गम्भीर सम्भावनाओं को व्यक्त करनेवाली है। इसलिए कविता के अंत में प्रकृति को याने प्रकृति-पक्ष को—मानवीयता को—पूरी तरह से अपने में समाहित करने की सदिच्छा व्यक्त होती है। यहीं पर मानवीय आस्था प्रकट है :

ऊबते क्यों नहीं हैं
इस तरंगहीनता
और सूखेपन से
उठते क्यों नहीं हैं यों

कि भर दें फिर से
धरती को
ठीक निर्झरों
नदियों
पहाड़ों
वनों से।

'गीतफरोश' कविता में विन्यसित मूल्य-विघटन में अनास्था का आयाम ही व्यक्त है जिसमें से आस्था के स्वर को बुलन्द करने का प्रयास है। लेकिन उससे बढ़कर 'कहीं नहीं बचे' में यह भाव अधिक मुखर है। मरणोपरान्त प्रकाशित कविता-संकलन 'तूस की आग' में मानवीय चिन्ताएँ तल्ख़ी के साथ प्रस्तुत हुई हैं।

नयी कविता में मानवीय बिम्ब को ठोस और जीवन्त बनाने का रचनात्मक प्रयास मिलता है। इसका मुख्य कारण यह है कि वह समाजवादी विचारधारा के समान्तर अधिक विकास पा रही थी। नयी कविता की यही धारा अपनी समय-सापेक्ष निगूढ़ताओं (रहस्यात्मक नहीं) को शब्दबद्ध करके समकालीन कविता-धारा में तब्दील हुई है। प्रारम्भ में सूचित कवियों की रचनाओं में इसी सामाजिक रुझान की परिपक्व सूचनाएँ नयी कविता के दौर में मिलने लगी थीं।

'मानवीय उद्देश्य' को कविता की तह में अनुभव करनेवाले रघुवीर सहाय की प्रारम्भिक कविताओं में थोड़ी अस्तव्यस्तता तो है। लेकिन 'सीढ़ियों पर धूप' शीर्षक संकलन तक आते-आते उनका मानवीय उद्देश्य स्पष्ट होता है। इसी संकलन में उनके कुछ निबन्ध भी संकलित हैं। वे लिखते हैं—"हम दुनिया में जितना कष्ट देखते हैं, लोगों की व्यथा का जितना अनुभव करते हैं, जब हमारी चेतना में निमज्जित होता है, अपनी अनुभव-शक्ति को हम पुष्ट नहीं हुआ पाते हैं।" कविता मात्र को कर्मबोध के विन्यास में परिभाषित करने के कारण उन्होंने अस्तित्ववादी क्षणवाद का विरोध किया और वे नयी कविता की आत्मपरकता पर सन्देह प्रकट करते हैं। इसलिए उनकी कविताओं में जीवन की मुखरता का बोध होता है, चाहे मध्ययुगीन जीवन की कविता हों, प्रेम की कविताएँ हों या स्त्री-केन्द्रित कविताएँ हों। यहाँ पर उनकी 'नारी' शीर्षक कविता उद्धृत की जा सकती है :

नारी बिचारी
पुरुष की मारी
तन से क्षुधित
मन से मुदित
लपककर झपककर
अन्त में चित है।

कविता की बुनावट ही उनकी भावुकताविहीन दृष्टि का परिचय देती है। भावुक दृष्टि ने स्त्री जाति की समस्याओं को सरलीकृत किया है, उसे उदात्तता का अयथार्थ मंच प्रदान किया है। वैसे सरलीकरण की इस प्रक्रिया में बहुमत का शोषणतन्त्र निहित है। नारी की समस्याएँ सामाजिक रूढ़ियों के तहत विश्लेषित नहीं हुई हैं। युगीन रूढ़ियाँ नारी-शोषण के लिए जिम्मेदार हैं क्योंकि पुरुष-प्रधान समाज की अवधारणाओं ने नारी-बिम्ब को गढ़ा है। उनके प्रति अपना खुला और सख़्त विरोध वे शान्त मुद्रा में प्रकट करते हैं।

'आत्महत्या के विरुद्ध' संकलन की उसी शीर्षक की कविता स्वातन्त्र्योत्तर भारत की पटकथा है। आड़ी-तिरछी रेखाओं के समान उलझे स्पष्ट-अस्पष्ट चित्रों, खंडित एवं पूर्ण दृश्यों के सहारे उन्होंने सामाजिक एवं राजनीतिक अन्तर्विरोध को स्पष्ट किया है :

कितना आसान है नाम लिख लेना
मरते मनुष्य के बारे में क्या करूँ क्या करूँ मरते मनुष्य का
अन्तरंग परिषद से पूछकर तय करना कितना
आसान है कितनी दिलचस्प है नेहरू की
आशंसा पटेल की भर्त्सना की कथा
कितनी घुटन के अन्दर घुटन के
अन्दर घुटन से कितनी सहज मुक्ति।

'कोई एक मतदाता' शीर्षक कविता में एक भयानक दृश्यपट को मसखरी वृत्ति से जोड़ा गया है। लेकिन कविता के वाचन की शर्त दरअसल उसकी भीषणता को व्यक्त करती ही है :

एक दिन आखिरकार दुपहर में छुरे से मारा गया मुंशी राम
वह अशुभ दिन था, कोई राजनीति का मसला
देश में उस वक्त देश नहीं था। खुशी राम बन नहीं
सका कत्ल का मसला, बदचलनी का बना, उसने
जैसा किया वैसा भरा।

कविता की बिम्बधर्मिता पर जोर देनेवाले केदारनाथ सिंह में जीवन का संपृक्तिबोध गहरा है। प्रारम्भ में यह भाव लोक बिम्बों और लोक-दृश्यों में से समन्वित होकर प्रस्फुटित हुआ। इस भाव के साथ उनकी जीवन के प्रति समर्पित भविष्योन्मुख दृष्टि भी मुख्य है। भविष्य के प्रति प्रकट आस्था में वर्तमान खो नहीं गया है। 'दिग्विजय का अश्व' शीर्षक उनकी कविता में यही भाव है। सिन्धु तट पर अश्वमेध के यागाश्व की ग्रीवा में बाँध दिए गए सुनहले पत्र को पढ़ने की आकांक्षा कवि व्यक्त कर रहे हैं। पर वह उस यागाश्व को बाँधना भी चाहता है।

इसलिए 'हम में चक्रवर्ती कौन है' का प्रश्न कर रहा है। यागाश्व यों ही न चला जाए। जीवनोन्मुखी आस्था का यह चरम क्षण है।

केदारनाथ की कविता में जीवन-संपृक्ति का भाव परवर्ती कविताओं में उत्तरोत्तर विकसित दिखाई देता है। इसलिए धूल में पड़ा हुआ शब्द गुलाब में परिवर्तित होता है। 'अभी—बिलकुल अभी' संकलन की 'प्रक्रिया' शीर्षक कविता यों है :

चलते-चलते
झुककर
रास्ते की धूल से
एक शब्द उठाता हूँ
और पाता हूँ कि अरे !
गुलाब !!

इसी आस्थावादी दृष्टि के कारण 'चुनाव की पूर्व सन्ध्या' शीर्षक कविता में वे हमारा अपना यथार्थ प्रस्तुत कर रहे हैं। चुनाव के साथ नरभोजी भेड़िए को रखकर उन्होंने यथार्थ के आवरण को तोड़ा है।

जो कवि आस्थावादी है, यथार्थ की पहचान रखनेवाला है, आसपास की हवा से परिचित है, अपने माहौल को आत्मसात् करने की क्षमता रखनेवाला है, वह अनास्था का संकेत शीघ्र ही समझ लेता है। अन्तर्विरोधों से ग्रस्त विडम्बनापूर्ण स्थितियों को भाँप लेने की शक्ति केदारनाथ में रही है। इसलिए 'जमीन पक रही है' शीर्षक संकलन की 'रोटी' शीर्षक कविता में उन्होंने हमारी स्थितियों के व्याकरण को भूख के सन्दर्भ में प्रस्तुत किया है :

आप विश्वास करें
मैं कविता नहीं कर रहा
सिर्फ आग की ओर इशारा कर रहा हूँ
वह पक रही है
और आप देखेंगे—यह भूख के बारे में
आग का बयान है
जो दीवारों पर लिखा जा रहा है
आप देखेंगे
दीवारें धीरे-धीरे
स्वाद में बदल रही हैं।

इस कविता के वाचन की अनेक शर्तें हो सकती हैं। यह अपनी सरलता में अनेक अयाचित स्थितियों को समेट रही है और उनकी एक अन्य कविता के शीर्षक का

उपयोग करके कहा जा सकता है कि 'यहाँ से देखो'। यह कवि का आह्वान नहीं है, पर उनकी कविता का अनुरोध है। यहाँ से देखने पर ही सरलता का सही चेहरा नज़र आता है।

सर्वेश्वरदयाल सक्सेना में प्रारम्भ में अस्तित्ववादी त्रास का भाव है। इसलिए अपने को पाने की इच्छा बलवती है। आत्मनिर्वासन और तज्जन्य एकाकीपन का भाव भी प्रारम्भिक सर्वेश्वर में कम नहीं है। परंतु उनमें लोकदृष्टि का विन्यास भी अनुभव किया जा सकता है। गाँव का गृहातुर बिम्ब उनकी कविता में विन्यसित हुआ है। 'गर्म हवाएँ' शीर्षक संकलन की कविताओं में कई प्रकार के भावस्तर प्रकट होते हैं। उनमें निजी पीड़ा से सम्बन्धित एवं सामाजिक और राजनीतिक जीवन के यथार्थ खुल जाते हैं। इसी दौर में उनकी यह कविता भी आई :

लोकतन्त्र को जूते की तरह
लाठी में लटकाए
भागे जा रहे हैं सभी
सीना फुलाए।

'गर्म हवाएँ' संकलन की एक कविता है 'छीनने आए हैं वे'। इसमें सर्वेश्वरदयाल सक्सेना की प्रतिबद्ध दृष्टि का पता लगता है। अपने कवि-कर्म को उन्होंने व्यथा को अन्तर्दृष्टि के रूप में बदलकर, दुर्बलता को दर्प में बदलकर परिभाषित किया था। यहाँ कवि-कर्म इस प्रकार परिभाषित है :

और अब
सब हम अपनी यातना
दर्ज करना चाहते हैं
हमसे छीनने आए हैं वे
हमारी भाषा
उल्लुओं की ज़बान में
कोयल गा सकती है तो गाए
जिसे सिखाना हो उसे सिखाए
हमारे पास बहुत कम वक्त शेष है—
एक गलत भाषा में
गलत बयान देने से
मर जाना बेहतर है।

'कुआनो नदी' कविता-संकलन सर्वेश्वर की कविता-यात्रा का नया विकास है। ठोस सामाजिक आधार ग्रहण करने मात्र से उनका महत्त्व नहीं बढ़ा, इसकी कविताएँ भारतीय जीवन को प्रतीकत्व देती हैं। एतदर्थ सर्वेश्वर की कविताएँ विस्तार

भी पाती हैं और गहराती भी हैं। मानवीय ऊष्मा की चिन्ता ने उनकी आस्था को गम्भीरता भी प्रदान की है। 'कुआनो नदी—खतरे के निशान' शीर्षक कविता इसका प्रमाण है :

इस नदी में
न जाने कितनी बार बाढ़ आई है
रगों में खून खौला है
पर हर बार अँगीठियों से तमतमाए चेहरों पर
रोटियाँ ही सेंकी गई हैं
पानी कभी खतरे का निशान पार नहीं कर पाया
हर बार पछाड़ खा-खाकर शान्त हो गया है,
एकाध पुश्ते टूटे हैं
एकाध गाँव डूबे हैं—
नक्सलबाड़ी, श्रीकाकुलम, मुसहरी,
पानी कछार में फैल
सूखी धरती और सूखे द्वीपों में जज्ब हो गया है।

प्रस्तुत कविता में नदी एक गाँव का प्रतीकन करती है और उनकी कवि-दृष्टि को भी द्योतित करती है। भयावह होती जा रही स्थितियों को उन्होंने कई दृष्टियों से देखा है जिनमें मानवीय सह-स्थिति के एहसास की प्रचुरता है। यही दृष्टि 'जंगल का दर्द' शीर्षक कविता-संकलन में विद्रोह और क्रान्ति की आग को भभकाने में सहायता देती है। 'आग' शीर्षक कविता में उन्होंने क्रान्ति की इच्छा व्यक्त की है—"अब उनका और मेरा चेहरा एक हो गया है" जो क्रान्ति के लिए समर्पित हो गया है। लेकिन इसी भाव को 'भेड़िया' शीर्षक कविता में वर्ग-संघर्ष की सही शब्दावली में उतारा है :

भेड़िए की आँखें सुर्ख हैं।
उसे तब तक घूरो
जब तक तुम्हारी आँखें
सुर्ख न हो जाएँ।

उपरोक्त कविता 'भेड़िया' शीर्षक से है। लेकिन 'भेड़िया-3' में वर्ग-संघर्ष के पथ पर प्राप्य खतरों के निशानों की तरफ कवि चेतावनी देते हैं :

भेड़िए फिर आएँगे।
अचानक
तुम में से ही कोई एक दिन भेड़िया बन जाएगा
उसका वंश बढ़ने लगेगा।

भेड़िए का आना जरूरी है
तुम्हें खुद को पहचानने के लिए
निर्भय होने का सुख जानने के लिए
मशाल उठाना सीखने के लिए।

सर्वेश्वर की सामाजिक पहचान की तीव्रता इस चेतावनी में गुम्फित है।

'नयी कविता' पत्रिका के संपादन से विजयदेवनारायण साही का सम्बन्ध है। 'लघुमानव के बहाने आधुनिक हिन्दी कविता पर एक बहस' शीर्षक उनका अतिदीर्घ चर्चित लेख इसी दौर में प्रकाशित हुआ। नयी कविता के आरम्भ से उत्कर्ष तक के काल से साही का सम्बन्ध रहा है और उसी समय उनका 'मछलीघर' शीर्षक कविता-संकलन प्रकाशित हुआ था। साही की कविताएँ अपनी बुनावट में मुक्तिबोध की कविता के निकट कही जा सकती हैं। यह मात्र फैंटसियों की स्वीकृति की वजह से नहीं है। दोनों की कविताएँ एकरैखिक नहीं हैं। उनमें तीक्ष्णानुभवों के कविता-संकेत प्रकट होते रहते हैं। यह भी सही है कि उनकी संरचना मुक्तिबोध की तुलना में किंचित् सुगठित है।

साही की कविताएँ 'आन्तरिक एकालाप' के समान हैं। एकालाप का यह कविता-संसार भीतर ही भीतर विकास पाता है और उसमें कविता के वर्तमान का स्वरूप बिम्बित होने लगता है। अपरिभाषित स्थितियों का भीषण धरातल कविता में केन्द्र खोजने लगता है। उसके आसपास के मानवीय भावों की उमड़न, तड़प और तपिश आदि उनकी कविता-मुद्रा के कुछ अभिन्न अंग हो जाते हैं। साही की मानवीय दृष्टि ठोस आधार ग्रहण करने लगती है। 'साखी' कविता-संकलन में वे प्रखर कबीर को अपना गुरु कहकर सम्बोधित करते हैं।

साही की कविता आसान रास्ते के विपरीत चलती है। इसलिए उनकी 'अलविदा' शीर्षक लम्बी कविता में जीवन के खौफ को पहले-पहल प्रस्तुत किया गया है। वास्तविकता जब कुछ और हो, और हम चमकते रेतीले कणों में भूलते जाएँ तो कवि का संकेत है :

तुम खुद हाथ में रेत लेकर
उसमें चमकते चाँदी के ज़र्रे देखते रहे
तुम्हें किसी ने नहीं भरमाया
और उसमें तुमने देखीं
दीवारें टटोलती हताश भीड़ें
सुरंगों के पार जलती हुई स्वर्ण लंकाएँ
गटर में छुरे फेंकते सियाह चेहरे
समुन्दर की तरह काँपती लड़कियाँ
दुर्घटनाएँ लिए जातीं रेलगाड़ियाँ'' ।

साही हमेशा ऐसे एक विकल्प की प्रतीक्षा में हैं। उस विकल्प के सहारे ही नया कुछ घटित हो सकता है :

सच तो यह है
कि इस सारे वातावरण की तरह
मैं भी सिर्फ इन्तजार कर रहा हूँ
उस विकल्प का
जिसकी अफवाह
रात की हवा की तरह
समय के एक छोर से दूसरे छोर तक
मँडराती सुनाई पड़ती है।

लेकिन उस विकल्प के साथ कवि ने उसे अपने आन्तरिक कुहराम को जोड़ा है :

तुम्हारी आँखें पेड़ की पत्तियों की तरह जगमगाने लगेंगी
और तुम्हारे भीतर से उसका जन्म होगा
जो तुम्हारी ओर से
बिना अनुमति के बोलता है
वही तुम्हारी रक्षा करता है।

शमशेर बहादुर सिंह नयी कविता के शीर्षस्थ कवि हैं और उन्हें 'कवियों का कवि' कहा गया है। उनकी कविता के सम्बन्ध में कई प्रकार के विचार प्रचलित हैं। इसका कारण यह है कि उनमें एक ही समय छायावादी और आधुनिक कविता की प्रवृत्तियाँ दृष्टिगत होती हैं। कभी उनकी काव्य-भाषा उर्दू गज़लों की बानगी प्रस्तुत करती है तो कभी क्लासिकी शिखरता का एहसास देती है। इसलिए उन्हें कभी-कभी 'रूपवादी' तक कहा जाता है। इसमें सन्देह नहीं कि शमशेर की कविता कलात्मक पारदर्शिता से युक्त है और उसमें कई कलाओं का संयोजन हुआ है। उसमें चित्रात्मकता एवं संगीतात्मकता का विशेष विलयन है। उनमें निजी संसार का याने आत्मपरकता का शिखर रूप वर्तमान है, साथ ही वैश्विक स्थितियों का व्यापक संवेदन भी समाहित है। नयी कविता के अग्र वाक्य के रूप में उद्धृत होनेवाली उनकी कविता 'बात बोलेगी' (कुछ और कविताएँ) इस प्रकार है :

बात बोलेगी
हम नहीं।
भेद खोलेगी
बात ही।
सत्य का मुख
झूठ की आँखें

सत्य का सुख
समय का रुख है :
अभय जनता को
सत्य ही सुख है
सत्य की सुख।

आधुनिक कविता को परिभाषित करने के लिए उन्होंने यह कविता नहीं लिखी। इस कविता में 'समय का रुख' को भाँपने का कार्य किया गया है। इसी के साथ-साथ स्थितियों की वास्तविकता को भी कवि ने प्रस्तुत किया है :

दैन्य मानव : क्रूर
भीषण : क्रूर
स्थिति, घर मंजूर।
सत्य का
क्या रंग ?
पूछा एक संग।

कविता तुरन्त करवट लेती है और शमशेर की अगली पंक्ति है—एक—जनता का/दुःख : एक। शमशेर ने समय के अन्तर्विरोध को भी प्रस्तुत किया है—हवा में उड़ती पताकाएँ/अनेक।

जब त्रास भाव की समानता हो, हर कहीं सच्चाई का रंग बराबर है फिर भी आकाश में फहरती पताकाएँ भिन्न-भिन्न हैं। वास्तविकता भी अनेक स्थितियों में बँट गई है। कविता उस हालत में खुद अपनी परिभाषा ही नहीं अपितु अन्तरवस्तु का परिचय दे सकती है। कविता इन्हीं स्थितियों में से अंकुरित होती है। बिखरे खंड चित्रों में शमशेर ने अपने आत्मसंघर्ष को प्रस्तुत किया है। उनके भाव निर्लिप्त हैं। उनके सूक्ष्म संघर्ष को शब्दबद्ध करनेवाली कविता है 'टूटी हुई बिखरी हुई' (कुछ कविताएँ) :

टूटी हुई बिखरी हुई चाय
की दली हुई पाँव के नीचे
        पत्तियाँ
        मेरी कविता
बाल, झड़े हुए, मैले से रूखे, गिरे हुए, गर्दन से फिर भी चिपके
…कुछ ऐसी ही मेरी खाल,
मुझसे अलग सी मिट्टी में
                मिली सी

दोपहर-बाद की धूप-छाँह में खड़ी इन्तजार की ठेले गाहड़ियाँ
जैसे मेरी पसलियाँ…!

प्रस्तुत कविता की यही विशेषता है कि यह विकलता में उत्तरोत्तर डूबती हुई कविता नहीं है। निमज्ज्न के पश्चात् के असंख्य भाव-सन्दर्भ इसमें घुल-मिल जाते हैं और विकलता 'सिंफनी' के समान अपना राग अलापती रहती है।

इस प्रकरण में यह जोड़ना आवश्यक प्रतीत होता है कि उपरिवत् विश्लेषित कवि नयी कविता के शीर्षस्थ कवि हैं और उनकी कविताओं की मूल्यवत्ता सामान्य नहीं है। इतने पर भी नयी कविता की अपनी रचनात्मक रूढ़िबद्धता प्रकट होने लगी और इस गतिरोध को तोड़ना था जिसे अकविता ने तोड़ा। इस अर्थ में अकविता समकालीन कविता को दिशा-निर्देश करने की भूमिका निभानेवाली कविता भी कही जा सकती है। लेकिन दिलचस्प बात यह है कि अकविता ने जिस हद तक नयी कविता की रूढ़ियों का विरोध किया, उससे अधिक मात्रा में वह स्वयं रूढ़ियों में जकड़ती गई। विरोध, तिरस्कार और आक्रोश आदि अकविता की मूल मुद्राएँ हैं। लेकिन तिरस्कार और आक्रोश आधारहीन तिरस्कार में परिणत होने लगे। कई समकालीन कवि अकविता के साथ जुड़े थे जैसे राजकमल चौधरी, धूमिल आदि। लेकिन अकविता के तीव्र आक्रोश में मूल्यविघटन की पोल को खोलने की क्षमता नहीं थी। उसकी रचनासापेक्षता, शब्दों तक सीमित रही। व्यक्ति-केन्द्रित दृष्टि और यौनाकांक्षाओं की बिम्ब-प्रतीकात्मकता ने अकविता को संकीर्ण परिधि में बाँध दिया। अस्तित्व-चिन्तन एवं मूल्यबोध को व्यापक परिदृश्य देने में भी वह अपनी सार्थकता नहीं दिखा सकी। इसलिए वह समय के साथ जुड़ नहीं पाई। अकविताओं के केन्द्र में जो व्यक्ति है वह अपनी जीवन्तता का एहसास न दे सका। काल उसमें सन्दर्भित था, पर वह ठोस ढंग से आरेखित नहीं हो सका। सामाजिक अन्तर्विरोध उसमें बिम्बित था; पर उसकी कवितागत परिणतियाँ उसमें से स्पष्ट नहीं हुईं। इसलिए अकविता के अपने दौर की महत्ता के बावजूद, वह समकालीन कविता की आंशिक भूमिका तो बन सकी पर उसकी रचनात्मकता से तादात्म्य प्राप्त न कर सकी।

समकालीन कविता वस्तुतः कविता की सहज परिणति है। वह आन्दोलन के तहत या सिद्धान्तों के अनुरूप विकसित होनेवाली कविता नहीं है। यह भी देखा जा सकता है कि पूर्ववर्ती कविता में जो पश्चिमोन्मुखता थी वह समकालीन दौर में समाप्त होती है। देशान्तर कविताओं में वह अफ्रीकी कविताओं या लैटिन अमरीकी कविताओं की तरफ उन्मुख है। उसी से समकालीन कविता की सत्तात्मक स्थिति का परिचय मिलता है। कविता के जनवादी होने के दौर में वह अन्य प्रदेशों के जन-आन्दोलनों पर गौर करती है। वह यह भी देखती है कि ऐसी कविता कहाँ तक अपनी मिट्टी, जलवायु और आकाश से सामग्री ग्रहण करती है। यह उपक्रम

अपनी देशज अस्मिता या जातीय अस्मिता को बनाए रखने के लिए है। इस दृष्टि से हिन्दी की समकालीन कविता कई अर्थों में भारतीय कविता होने का रचनात्मक आभास देती है। यहाँ कुमारेन्द्र पारसनाथ की एक पत्र-प्रतिक्रिया के कुछ अंश उद्धृत करना असंगत नहीं है जो 'पहल' के कविता विशेषांक में प्रकाशित हुई थी—"...जब हम समकालीन कविता की बात करते हैं, हमारे सामने दो जातियों की कविताएँ खड़ी होती हैं। एक जाति की कविता वह है, जो खुशनुमा होने की कोशिश में, अपने जर्द पड़े मुल्क और उसके लहूलुहान वक्त की पहचान को धूमिल करती है। और दूसरी जाति की कविता वह है जो उस पहचान को और भी तेज़ और साफ करती है और इस कोशिश में खुद क्षत-विक्षत और रक्ताक्त हुई रहती है।" यह एक मानवीय अनुभूति है जिससे समकालीन कविता बनती है।

समकालीन कविता का स्थापत्य

सार्थक कविता वादों या आन्दोलनों की गिरफ्त में कुंठित नहीं हो सकती। वही कविता की सार्थकता है। इसका कारण यह है कि कविता का आभ्यन्तर जगत् विस्तृत है। इसलिए विज्ञान की अनिवार्यता के इस युग में भी कविता की आवश्यकता का अनुभव होता है। कविता कई स्तरों पर हमारे सामने प्रस्तुत होती है। अपने को दुहराकर या आवृत्तिजनक विरसता पैदा करके नहीं, बल्कि एक ही कविता प्रत्येक अवसर पर नयी अर्थवत्ता का परिचय देती है। इसी कारण से कविता विकसित होती दीखती है; दरअसल यह उसका जैविक विकास है।

समकालीन हिन्दी कविता अपनी विरासत से उद्भूत है जिसे यहाँ पुनः विश्लेषित करने की आवश्यकता नहीं है। कविता जिस भूमि से अंकुरित है उसकी जड़ें उसमें जहाँ तक व्यापी हैं, उस भूमि को विरासत के रूप में लिया जा सकता है। जब हम समकालीन कविता को विरासत से उद्भूत मानते हैं तो उसका आशय यह कतई नहीं है कि वह एक सामान्य विकास है। यह समकालीन कविता का कमज़ोर पक्ष होगा और यह उसका सरलीकरण भी। सामान्यीकरण और सरलीकरण में कविता का मूल्यवान पक्ष नष्ट होता है। इसलिए विरासत का सीधा सम्बन्ध उन जड़-चिह्नों के साथ के निरर्थक सम्बन्ध से नहीं है। जब कविता अपनी विरासत के जड़-चिह्नों को पहचानने लगती है, उसके ज़हरीले विस्तार को भाँपने लगती है, तब कविता सार्थक दिशा अख्तियार करने लगती है। अतः कविता के सन्दर्भ में परम्परा या विरासत मोहावेष्टित वायवीय संकल्पनाएँ नहीं हैं। वह कविता की ठोस और जीवन्त स्थिति है।

समकालीन हिन्दी कविता विरासत से जुड़ी कविता तो है ही, पर गतिवान दिशा भी है। अतः समकालीन कविता की संपृक्ति स्थापित होती है तो मात्र उन गतिवान दिशाओं के साथ। इस प्रकार समकालीन कविता की अपनी बृहद् परम्परा है और उसका अपना इतिहास भी है। इसे कालखंडों में या प्रवृत्तियों में विभाजित करना प्रकारान्तर से अवैज्ञानिक है। सामान्य अर्थ में विभिन्न युगों में बँटी हुई इस प्रकार की कविताएँ विशिष्ट अर्थ में एक ही कालखंड की हो जाती हैं। काल का यह विस्तार समकालीनता का अनिवार्य प्रतिमान है और उसकी सत्तामीमांसा

के विश्लेषण में सहायक होनेवाला मापदंड भी है।

कालखंड अपने आप विस्तार प्राप्त नहीं कर सकता पर जब हम आज के समय को पूर्ववर्ती समय से जोड़ते हैं तो उसका ध्रुवसत्य प्रकट होता ही है। आज के समय का कौन-सा पक्ष मुख्य है जो पूर्ववर्ती समय के साथ जुड़कर अपनी सार्थकता को मूल्यवान बनाना चाहता है। स्पष्ट है कि कालखंड का वह आयाम, जो सदैव मनुष्योन्मुखी है, निरन्तर विस्तार पाता है और पूर्ववर्ती समय के कुछ पड़ावों में अपनी बहुआयामितता का एहसास देता है। इसलिए समकालीन हिन्दी कविता निराला से जुड़ती है तो निराला के कुछ सही कविता-संकेतों में से प्राप्त होनेवाली मानवीय ऊर्जा को पुनर्विश्लेषित करती है। निराला की कविता की सार्थकता उसका एक पक्ष है। लेकिन उससे बढ़कर कविता की सार्थकता, उसकी कालसापेक्षता तथा उसकी रचनासापेक्षता और अधिक प्रमुख हो जाती है। इस अर्थ में ही हम यह अवबोध सुदृढ़ करते हैं कि कविता का आभ्यन्तर जगत् व्यापक है। इन तथ्यों के अलावा कविता की प्रासंगिकता और अनिवार्यता का पक्ष भी मुख्य हो जाता है।

जब समकालीन कविता को निराला से जोड़ा ही गया तो यह देखना समीचीन ही है कि उनकी कविता का यथार्थ क्या है। निराला समकालीन कवि हैं, यह एक आग्रही दृष्टि नहीं है। कवि होने के कारण रचना के दौरान झेले गए आत्मसंघर्ष का अपना महत्त्व है। कविता को वागाडम्बर का चमत्कार न मानकर परिवेश-संपृक्ति मानने के पीछे निहित मूल्य-दृष्टि ही ग्राह्य है। अक्सर यही देखने को मिलता है कि जीवन की व्यावहारिकता मूल्य-दृष्टि को रौंदती-कुचलती जाती है। तब व्यावहारिकता को कुचलने की आत्मशक्ति अर्जित करना कवि का दायित्व बन जाता है क्योंकि वह शब्दों की क्रीड़ा नहीं कर रहा है। यह बोध निराला में था। उनकी पीड़ा और कवि के बीच में जीवन-यथार्थ के कई पर्तें हैं। इसलिए कविता उनके लिए गम्भीर वृत्ति हो गई। वह अनुष्ठान भर नहीं, बल्कि जीवन के समान निजी संकल्प है—करना होगा यह तिमिर पार/देखना सत्य का मिहिर द्वार (तुलसीदास)।

नयी कविता के कई कवियों में मानवीय ऊर्जा के विभिन्न तेवर मिल जाते हैं और वे कविता-रूढ़ियों से अपने को मुक्त करते हुए अपनी तद्‌युगीनता का उल्लंघन करते रहे हैं। उनमें अधिक प्राणवान कवि मुक्तिबोध रहे हैं। पूर्वग्रह से मुक्त यह विचार बल प्राप्त करता है और वैचारिकता के सतहीपन से अलग महत्त्व स्वयं प्रमाणित करता है। इसे बाहर से नहीं भीतर से भी बल प्राप्त हो रहा है। यह कविता का बल है। अगर मुक्तिबोध की कविता में यह दम नहीं है तो वैचारिक घटाटोप निरर्थक सिद्ध होगा।

मुक्तिबोध समकालीन कविता की विस्तृत चर्चा के पहले ही चल बसे। पर उनकी कविता का अजस्र प्रवाह जीवन्त ही रहा। उनकी अप्रकाशित कविताओं के संकलन का नाम है, 'भूरी-भूरी खाक धूल'। इसे केदारनाथ सिंह ने 'कालबद्ध'

घोषित किया जो सर्वथा उचित है। 'समकालीन इतिहास में गहराई तक धँसी हुई' कविता के रूप में उनकी इन परवर्ती कविताओं को देखना पड़ता है। 'भविष्य धारा' शीर्षक लम्बी कविता में मुक्तिबोध काल की तनी हुई रस्सी से चलने का प्रयास करते दीख पड़ते हैं। काल की जड़ता का अनुभव करने के कारण ही वे पूछते हैं कि वह गतिशीलता कहाँ गायब हुई :

तुम मेरे ही थे
बहुत स्वप्न द्रष्टा चिन्तक थे कवि थे
क्रान्तिकारी रवि थे !!
अब कहाँ गए वे स्वप्न
उन्हें किस कमरे के ढीह में
यत्नपूर्वक जला दिया
उदरम्भरी बुद्धि वे मलिन तेल में
स्वयं को गला दिया धातु सा।

उस 'तुम' को ही मुक्तिबोध सम्बोधित करते हैं जो 'राजसिंहासनस्थ नहीं है, भव्य नहीं है' बल्कि उस 'तुम' को सम्बोधित कर रहे हैं, कि तुम 'काल-सिंहासनस्थ' हो। इसलिए मेरी परम्परा के लिए प्रिय है और 'तुम्हीं' में 'मैं' सतत प्रवाहित है। इस प्रकार 'भविष्य धारा' में वे अपनी कालबद्ध दृष्टि व्यक्त कर रहे हैं। इसलिए अपने को कंटक पौधे के रूप में संस्थित करके भविष्य के भीतर उगाने की इच्छा व्यक्त करते हैं। उस पौधे का रूप वे यों प्रस्तुत करते हैं :

नीला पौधा
यह आत्मज
रक्तसिंचित
आत्मा के कोमल आलवाल में
यह जवान हो रहा
कि अनुभव-रक्त-लाल में डूबे उसके पदतल
जड़े ज्ञान संविदा
कि पीती अनुभव
वह पौधा बढ़ रहा
तुम्हारे उर में अनुसंधित्सु क्षोभ का बिरवा
वह मैं ही हूँ !!

उस बिरवे के उगने पर, जो कंटकावलियों से युक्त है, सोना मुश्किल हो जाएगा, वे हमेशा चुभते रहेंगे और असुविधा पैदा करते रहेंगे। उस बिरवे के रहते उसकी कंटकावलियाँ प्रतिक्रियान्वित करती रहेंगी : चट्टानी चिलचिलाहट होगी आँखों में।

मात्र प्रतिक्रियान्वित होने का उपक्रम ही नहीं बल्कि यह बढ़ता रहेगा। उसकी जड़ें आगे बढ़ेंगी और वह अनियंत्रित होकर विकास की दिशा में अग्रसर होंगी :

वे अनुसन्धानी जड़ें
तोड़ देंगी चबूतरा
और वहाँ से पकड़ पृथुल दीवार
चढ़ेंगी शिखर
व फोड़ देंगी अन्तराल
और लाख-लाख फूलों के पीले नेत्र
गूढ़ जिज्ञासा के
देखते रहेंगे सारा बंजर प्रसार।

पूरी कविता उम्मीद की यात्रा के रूप में रची गई है। मुक्तिबोध उस स्वर्णाक्षर के आकांक्षी हैं और वे अपनी परम्परा को अग्निपरीक्षाओं की परम्परा से गुज़री हुई मानते हैं। उसे वे 'मेरी प्रिय जन-वदन-दीप्ति भास्वरा, यह भविष्य धारा अजया' मानते हैं। इस कारण मुक्तिबोध समकालीन के केन्द्र में रहे हैं।

'इस नगरी में' मुक्तिबोध की एक अन्य प्रासंगिक कविता है जिसे वे 'कौरवनगरी' कहते हैं। सरल अर्थ में यह हमारी नगरी की कविता है जिसमें होनेवाली घटनाओं का वर्णन है। लेकिन मुक्तिबोध इतिहास-दृष्टि-सम्पन्न कवि हैं। इसलिए उनकी कविता में काल का इतिहास-सापेक्ष परिदृश्य अपनी दृश्यताओं एवं अदृश्यताओं सहित विद्यमान है। इस नगरी का परिचय वे पहले यों देते हैं :

इस नगरी में चाँद नहीं है, सूर्य नहीं है, ज्वाल नहीं है
सिर्फ धुएँ के बादल-दल हैं
और धुआँते हुए पुराने हवा महल हैं।

इस नगर में आदर्शों का रूप-स्वरूप स्याह होता जाता है क्योंकि यह निर्णयकारी स्वार्थों का काला महल है :

इस नगरी में प्रहरी पहने हैं धुएँ के लम्बे चोगे
साजिश के कुहरे में डूबी
ब्रह्मराक्षस की छायाएँ
गांधीजी की चप्पल पहने घूम रहे हैं
छिपे-छिपे कुछ फौजी टापें
बूटों की भी गूँज रही हैं
उनसे तुम क्या लोगे-दोगे।
इस नगरी के किले-कँगूरे
पर बैठे हैं विभिन्न स्वार्थों के बन्दर कँगूरे।

इसलिए मुक्तिबोध स्पष्ट शब्दों में बताते हैं कि इस नगरी की राहों में मस्तकहीन कबन्ध घूमते दिखाई पड़ते हैं। जब स्वार्थ का सत्ताधीश आसनस्थ हो गया हो तो उसकी रखवाली के लिए उससे भी खूँखार जानकर तैनात किए जाते हैं। इस सत्ताधीश के महल के पिछवाड़े में एक रीछ बनकर दूसरा शूकर बनकर नाच रहे हैं। एक दूसरा तोता बना हुआ है जो सिर्फ स्वामी की रटी हुई सिद्धान्तावलियाँ बाँच रहा है। कई गधे उनके रथ पर घोड़ों के रूप में जुते हुए। ये इस नगरी की विशिष्टताओं में से कुछ नमूने मात्र हैं। यह है तथाकथित बुद्धिजीवी वर्ग। पर मुक्तिबोध नृशंस नगरी में से अपना पथ ढूँढ़ निकालते ही हैं। इसलिए वे कहते हैं कि दंडक वन में लंका का पथ खोजना है। ''धीरे-धीरे ही सही बढ़े उत्थानों में अँधियारे मैदानों में इन सुनसानों में' बहने की अभिलाषा वे व्यक्त करते हैं। यह मुक्तिबोध की मानवीय अभिलाषा है।''

'साखी' के रचयिता साही की कविता समकालीन कविता की अन्तर्धारात्मक ऊर्जा से युक्त है। विजयदेवनारायण साही के मरणोपरान्त प्रकाशित संकलन है 'साखी'। 'मछलीघर' की कविताओं में बीहड़ यथार्थ को ध्वनित करने का कार्य उन्होंने किया था। 'साखी' की कविताएँ बदली हुई मानसिकता को व्यक्त करनेवाली रचनाएँ हैं। यह अकारण नहीं है कि उन्होंने इसका नाम 'साखी' रखा। कबीर का फक्कड़ाना अन्दाज़ इस संकलन की कविताओं में मिलता है और कई कविताएँ उन्हीं को सम्बोधित होकर लिखी गई हैं। अपनी रचनात्मकता की तह में कबीर के व्यक्तित्व के कणों को सुरक्षित करना कविता की एक समकालीन दिशा है। यही नहीं कि इस संकलन की कविताएँ राजनीतिक मसलों, राजनीतिक व्यक्तित्वों पर आधारित हैं जहाँ उन्होंने अपनी चिन्तन-दृष्टि का परिचय दिया है। 'वरदान देनेवाले देवताओं की ओर से', 'बादशाह अकबर के नाम' शीर्षक कविताएँ कुछ उदाहरण हैं। राजनीतिक मसलों पर आधारित होने से कोई कविता समकालीन नहीं हो सकती। राजनीतिक कविता में एक संकेत मात्र है। भारतीय जीवन का वर्तमान परिदृश्य भी बनता है। जब ऐसे संकेतों और परिदृश्यों का रचनात्मक समन्वय होता है तो उसमें से मानवीय त्रासदी का पक्ष उभरता है और उसका दूसरा पक्ष अराजकतावादी अमानवीयता का है। इस अर्थ में ही साही की कविताएँ समकालीन बनती हैं।

कबीर को सम्बोधित कविताएँ अपने विशेष शब्द-विन्यास के कारण ही विशिष्ट नहीं हैं, बल्कि कबीर की ओर उन्मुखता के बहिरंगी यथार्थ से बढ़कर उनमें समकालीन सच का मंच अधिक स्पष्ट और तीव्र है। 'प्रार्थना : गुरु कबीर दास के लिए' शीर्षक कविता की पंक्तियाँ हैं :

परम गुरु
....
दो तो ऐसा कलेजा दो

कि अपमान, महत्त्वाकांक्षा और भूख
की गाँठों में मरोड़े हुए
उन लोगों का माथा सहला सकूँ
और इसका डर न लगे
फिर कोई हाथ ही काट खाएगा।
दो तो ऐसी निरीहता दो
इस दहाड़ते आतंक के बीच
फटकार कर सच बोल सकूँ
और इसकी चिन्ता न हो
कि इस बहुमुखी युद्ध में
मेरे सच का इस्तेमाल
कौन अपने पक्ष में करेगा।

जिन कविताओं की अन्तर्धारा राजनीतिक है वहाँ साही का स्वर प्रतिरोध में उठता है। यह प्रतिरोधक स्वर आद्यन्त मानवीय है जो कविता की शक्ति को बढ़ाता रहता है। 'आखिरी कैदी' शीर्षक कविता में साही सत्ताश्रित पूँजीवादी के प्रतिरोध में खड़े मिलते हैं :

तुम्हारे गुमाश्तों ने बढ़-बढ़कर बोलियाँ बोलीं
और सारे बाज़ार को खरीद लिया।
मैं निहत्था आगे बढ़ा
और अपने को मुफ्त लुटाया
हम दोनों ही इसी शताब्दी की उपज हैं
तुम जितनी बार
आदमी की कीमत लगाते हो
मैं उतनी ही बार
अपने को मुफ्त लुटा देता हूँ
देखूँ पहले कौन दीवालिया होता है ?

यह साहस निरा शाब्दिक नहीं है। विवेकजन्य आस्था और सन्देह से जनित ईमानदारी से ऐसी कविता जन्मी है। यह समकालीन कविता के कालयात्री, जनचरित्री और प्रतिपक्षधर्मी स्वभाव को व्यंजित करनेवाली कविता है।

राजनीतिक यथार्थ को व्यंजित करनेवाले कवि के रूप में ही रघुवीर सहाय की कविता की प्रासंगिकता है। कविता के समकालीन होने के उस दौर में सम्भवतः तमाम कवियों ने राजनीति को विषय बनाया। विषय को जल्दी परिवर्तित करने की सुविधा के कारण इन कवियों ने राजनीति को नहीं चुना है। इनमें उनकी

मूल्य-दृष्टि, विकल्प की खोज और मानवीय उन्मुखता आदि है। इस कारण से ही राजनीति विषय के रूप में स्वीकृत हुआ है। समकालीन कविता में इसका विस्तार हुआ है। 'आत्महत्या के विरुद्ध' में खुशीराम की मृत्यु का माहौल उन्होंने प्रस्तुत किया। वहीं रघुवीर सहाय 'हँसो हँसो जल्दी हँसो' में रामदास शीर्षक कविता में उसकी मृत्यु का मसला प्रस्तुत करते हैं। एक राजनीतिक संकेत कविता को गहरा रहा है :

भीड़ ठेलकर लौट गया वह
मरा पड़ा है रामदास यह
देखो देखो बार बार कह
लोग निडर उस जगह खड़े रह
लगे बुलाते उन्हें जिन्हें संशय था हत्या होगी।

'यहाँ से देखो', 'अकाल के सारस' जैसे कविता-संकलनों में केदारनाथ सिंह की कविता अपनी हड्डियों में पृथ्वी को प्राप्त करना चाहती है। उनकी परवर्ती कविताएँ इसी अर्थ में, याने पृथ्वी प्रेम के सन्दर्भ में, समकालीन होती हैं। इसमें समूचा समाज और जीवन-प्रवाह है। इसके माध्यम से उनका दृष्टिकोण विकसित होता है। इसके कारण उनके फैसले दृढ़ दीखते हैं। 'यहाँ से देखो' शीर्षक कविता-संकलन की अन्तिम कविता में वे कहते हैं : जो सच है/वह सच नहीं है। 'महानगर में कवि' शीर्षक कविता में भी व्यवस्था के आतंक को सरल शब्दावली में उन्होंने व्यक्त किया है। यह सरल शब्दावली उनके प्रतिरोध-भरे स्वर का परिवर्तित रूप है। कवि का कत्ल कर दिया जाता है। पर उसके बाद ? यह कत्ल है, यह मनुष्य का हनन है। यह एक जीव का अन्त है। पर उसके बावजूद इतना ही खुलता है :

बस इतना ही सच है
बाकी एक ध्वनि है
अलंकार है
रस-भेद है
मैं इससे अधिक उसके ब. में
कुछ नहीं जानता
मुझे खेद है।

यह महानगरीय विडम्बना की कविता नहीं है। यह मानव-विरोधी कविता को दर्ज करती कविता है। इस प्रकार स्थिति को दर्ज करने के कारण, यह समकालीन कविता के तहत गिनी जाती है। उनके ताजा संकलन का नाम ही है—'उत्तर कबीर', जिससे उनका काव्य-आशय व्यक्त होता है।

'मगध' संकलन के माध्यम से श्रीकान्त वर्मा अपनी रचनात्मक प्रयोगपरकता का परिचय देते चलते हैं। 'मगध' ने भारतीय राजनीति के वर्तमान पर विचारा और उसकी गिरफ्त में कसमसानेवाले लोगों को पहचाना। एक समकालीन सच के विकृत होते चेहरे को 'मगध' की अधिकाधिक कविताएँ पेश करती हैं। 'हस्तक्षेप' शीर्षक कविता आखिरकार कवि के हस्तक्षेप की कविता बन जाती है जिसके निहितार्थ व्यंग्य को पहचानना होगा :

कोई छींकता नहीं
इस डर से
कि मगध की शान्ति
भंग न हो जाय
मगध को बनाए रखना है, तो
मगध में शान्ति रहनी ही चाहिए
मगध है तो शान्ति है

....

कोई टोकता नहीं
इस डर से
कि मगध में
टोकने की रिवाज़ न बन जाय।

सत्ता में हस्तक्षेप मगध की समकालीन उपलब्धि है। नैतिक पतन के विरुद्ध आम आदमी की प्रतिरोधक प्रतिक्रिया है। इसी प्रतिक्रिया के बल पर 'कोसल में विचारों की कमी है' जैसी कविता जन्मी है :

महाराज बधाई हो !
महाराज की जय हो
युद्ध नहीं हुआ—
लौट गए शत्रु
वे सिर्फ कुछ प्रश्न छोड़ गए हैं
जैसे कि यह
कोसल अधिक दिन टिक नहीं सकता
कोसल में विचारों की कमी है।

यह भी एक खास हस्तक्षेप है जो टोकने के रिवाज़ के विरुद्ध टोका जाना चाहिए जैसे सुस्पष्ट विचार से उद्‌भूत है। 'कोसल में विचारों की कमी है' कवि की सशक्त घोषणा है, जो निहायत समकालीन है।

इस प्रकरण में कुछ अन्य कवियों का भी उल्लेख होना चाहिए जैसे शमशेर

बहादुर सिंह, सर्वेश्वर दयाल सक्सेना और राजकमल चौधरी आदि। पर जिनका उल्लेख हुआ उसके पीछे भी कोई विशेष इच्छा नहीं है। कविता जो बदल रही है, कविता जो समकालीनता की ओर अग्रसर हो रही है तो यही देखा गया है कि उसका प्रतिमानपरक सन्दर्भ क्या है। उन प्रतिमानों को रेखांकित करने के लिए कविता के क्रमिक विकास पर विचार करने की आवश्यकता नहीं है। यह प्रकरण समकालीन कविता के सुदृढ़ स्थापत्य का परिचायक आकलन है। इसके ज़रिए यही देखा गया है कि युवा पीढ़ी के पहले कविता में पदार्पण किए हुए इन कवियों की रचनात्मक ऊर्जा कितनी प्रखर है।

अपने कवि-कर्म में तथा कविता-कर्म में संघर्ष करनेवाले ये कवि प्रथमतः हमारे वर्तमान के तमाम सरलीकरण के विरुद्ध अपने को अग्रसर करते हैं। हमारे वर्तमान का यह भी एक ढोंग है कि गम्भीर स्थितियों को गम्भीरता का दर्जा प्रदान करने के पश्चात् उसको हल्का बनाया जाता है। इसे इन कवियों ने अमानवीय हादसा घोषित किया है। जनवादी कविता का सौन्दर्यपक्ष जनोन्मुखी आकांक्षाओं के माध्यम से ही निरूपित होता है। इसने समकालीन कविता को जीवन्तता दी है जो आज भी गतिशील है। समकालीन कविता की जनवादी प्रवृत्ति सामान्य जनोन्मुखता को सूचित करनेवाली नहीं है। उसमें हमारे भूगोल और जनतन्त्र का विन्यास है। यहाँ के तर्कजाल हैं और औसत जीवन की रीतियाँ हैं। कुल मिलाकर समकालीन कविता की जनवादिता हमारी संस्कृति की असलियत की पहचान से सम्बन्धित कविता-दृष्टि है जो इन कवियों के पास सुरक्षित रही।

मुक्तिबोध की लम्बी कविता 'इस नगरी में' या 'भविष्य धारा' श्रीकान्त वर्मा की लघु कविताओं से भिन्न नहीं हैं। यह तुलना नहीं है। दो अलग ध्रुवों पर खड़े हुए कवि होने के बावजूद उनकी कविता-दृष्टि में समकालीन जीवन की उपेक्षा का जो स्वर बुलन्द हुआ है वही मुख्य है और सम्भवतः उसी ने समकालीन कविता को ऊर्जा प्रदान की है। केदारनाथ सिंह की परवर्ती कविताओं में जो व्यापक लोकभाव है वह इधर राजेश जोशी या वीरेन डंगवाल की कविताओं में विस्तार पाता है। यही हिन्दी कविता की सही परम्परा है। यह भी सच है कि इनके ऊपर अनेकानेक वागाडम्बरों से युक्त कविताओं का आच्छादन रहा है। लेकिन इधर समकालीन कविता ने जो गम्भीरता अर्जित की है उसने कविता की सही परम्परा को आजमाने का कार्य किया है। समकालीन कविता के स्थापत्य की यही परम्परा है।

समकालीन कविता–कविता कालयात्री है

समकालीन कविता हमारे अपने काल की कविता है। इस प्रस्ताव में कविता के दायित्वबोध की सूचना ही संकेतित है। कवि-दृष्टि की सार्थकता इसी बात में है कि वह सही काल पक्ष (टाइम एस्पेक्ट) को संवेदित करे। समाज में अक्सर काल-निरपेक्ष स्थितियाँ बलवती रहती हैं। काल को पलटकर उसे जड़वत् करने के तरीके उसके पास होते हैं। प्रायः ऐसा भी होता है कि काल का एक जड़ रूप पूरे वर्चस्व के साथ व्यापित होता है और सच का आभास देता रहता है। धीरे-धीरे उसे ही सत्य मानने की लाचारी बढ़ती है और काल का यह जड़ प्रारूप स्वीकृत होता है। ऐसा ही एक कालबोध हमारे समाज में आज व्याप्त है।

कविता इस काल को तोड़ती है। समकालीन कविता में जो काल-सापेक्ष पक्ष है वह सामान्य तद्‌युगीनता को द्योतित करने के हेतु नहीं है। जिस ऐतिहासिक विवेक के साथ समय और परिवेश को समझने का कार्य समकालीन कपि करता है उसमें उसका नियामक पक्ष सही काल का संस्थापन है। जीवन की जटिलतर परिस्थितियों में जन्म लेनेवाली असंगतियों के बीच जीवन्तता की प्रतीति को बनाने में सही काल का योगदान है जो जड़, स्थिर और सरलीकृत नहीं है। वह गतिशील, गत्यात्मक और गम्भीर है। अतः समकालीन कविता जब जीवन की स्थितियों से गहरे स्तर पर जुड़ती है तो वह काल का सही सन्निवेश करती है। उसमें मानवीय संस्कृति की विवेकशीलता और ऐतिहासिक सूझबूझ प्रमुख रहती है। इस अर्थ में समकालीन कविता तद्‌युगीनता का आभास देकर चुक नहीं जाती है और उसका कार्य आभास देना भी नहीं है। वह इसलिए कालयात्री है कि उसमें हमारा समूचा काल स्पन्दित होता रहता है। गतिशील काल का स्पन्दन कविता को कालजयी बनाने गें राहायक भी है।

यह विदित बात है कि समकालीन कविता अक्सर जीवित मनुष्य के सही परिवेश को ढूँढ़ती है। उसे परिभाषित करने का कार्य भी करती है। धूमिल की कविताओं से गुजरें तो यह प्रवृत्ति सर्वत्र मिल जाती है। भाषा की अपर्याप्तता पर उनकी बहुत सारी कविताएँ हैं। 'कविता' शीर्षक कविता में इस अपर्याप्तता से उत्पन्न संकट को उन्होंने व्यक्त किया है :

अब यहाँ कोई अर्थ खोजना व्यर्थ है
पेशेवर भाषा के तस्कर संकेतों
और बैलमुत्ती इबारतों में
अर्थ खोजना व्यर्थ है।

दरअसल यहाँ भाषा की अपर्याप्तता एक बहाना है। भाषा, जो सम्प्रेषण का साधन है, आपसी पहचान का साधन है जिसे जब गड्ड-मड्ड किया जाता है तो अनिवार्यतः असम्प्रेषण की अवस्था उपस्थित हो जाती है। यह समाज के सन्दर्भ में एक अयाचित अवस्था भी है। लेकिन पूँजीवादी ठेकेदारों के लिए यही वांछित अवस्था है। समाज के अन्तरंग में व्याप्त पूँजीवादी संस्कृति भाषा की असम्प्रेषणीयता ही चाहती है। भाषा जब सटीक होती है, जब वह परिवेश से उद्भूत होती है, काल के स्पन्दन को मूर्त करती है, तो उसका अर्थ होता है कि वह सम्प्रेषण के लिए कटिबद्ध है। अतः समकालीन कविता में भाषा एक ऐसा संकेत है जिसे कालसापेक्ष दृष्टि से जोड़ा जाना चाहिए। धूमिल की ऐसी कविताओं का विश्लेषण इसी सन्दर्भ में किया जा सकता है। 'भाषा की रात' शीर्षक कविता में, जो 'संसद से सड़क तक' संकलन में संगृहीत है, भाषा के संकेत को काल के साथ जोड़ा गया है। इसलिए वे लिखते हैं कि ''मेरे या तुम्हारे शहर में चन्द चालाक लोगों ने भूख की जगह भाषा को दिया है''—इन्हीं पंक्तियों से कविता का अन्तर्जगत विकसित होने लगता है। धूमिल की कविता में बार-बार काल के इस छद्म को ही प्रस्तुत किया गया है। काल के छद्म रूप के अन्तर्गत सबसे बड़ा धोखा यह होता है कि मनुष्य को गलत ढंग से देखा जाता है। उसे पुर्जा बनाया जाता है, जिसे आत्मनिर्वासन भी कहा जा सकता है। अर्थात् धुरी से अलग किए जाने के बाद अत्यन्त संकटग्रस्त स्थिति में आत्मनिर्वासन का भाव तीव्रतर होता है। काल के छद्म की यही विशेषता है :

भाषा और भाषा के बीच की दरार में
उत्तर और दक्षिण की तरह
फन पटकता हुआ
एक दोमुँहा विषधर
रेंग रहा है
रोज़ी के नाम पर
रोटी के नाम पर
जगह जगह ज़हर
फेंक रहा है
और···और वह देखो कि आऽऽ रहा है
प्रान्तीयता का चेहरा लगाए हुए
कोई घुसपैठिया है ?

ऐसा क्यों होता है ? धूमिल के अनुसार यह "सुविधाग्रस्त लोगों के ऊसर दिमाग में थूहर की तरह उगी हुई राजनीति, शब्दों के बाहर का व्याकरण है। इन छद्म को वे इस प्रकार देखते हैं, किसी भी भाषा में देश का नाम लिखकर खिलाने से कोई देशभक्त नहीं होता।" धूमिल की यह पंक्ति काल की सन्दर्भहीनता का पर्याय बनकर हमारी अप्रामाणिकता को ही दर्ज कर रही है। इस कविता के माध्यम से धूमिल प्रामाणिक समय को ढूँढ़ रहे हैं। धूमिल ने लिखा है—"समकालीनता क्या है ?—रूप-रंग और अर्थ के स्तर पर आजाद रहने की, सामने बैठे आदमी की गिरफ्त में न आने की तड़प, एक आवश्यक और समझदार इच्छा, जो आदमी को आदमी से जोड़ती है, मगर आदमी को आदमी की जेब में या जूते में नहीं डालती। स्वतन्त्रता की तीव्र इच्छा और उसके लिए पहल तथा उस पहल के समर्थन में लिखा गया साहित्य ही समकालीन साहित्य है" ('कल सुनना मुझे' की भूमिका के साथ जोड़ दी गई भाषा की रात में : धूमिल की भूमिका से)। 'कल सुनना मुझे' संकलन की एक लघु कविता है 'रोटी और संसद' जिसके ज़रिए धूमिल ने काल की अयाचितता पर बल दिया है। काल का जवाबदेही चरित्र अगर डाँवाडोल होने लगे तो हमारा इतिहास गलत साबित होने लगता है :

एक आदमी
रोटी बेचता है
एक आदमी रोटी खाता है
एक तीसरा आदमी भी है
जो न रोटी बेचता है न रोटी खाता है
वह सिर्फ रोटी से खेलता है
मैं पूछता हूँ
यह तीसरा आदमी कौन है ?
मेरे देश की संसद मौन है।

मुखर होने के बजाय, गवाह देने के बजाय समय अगर मौन धारण करे तो वह समय का रुख नहीं है। वह समय के अतीतत्व का रुख है। इसलिए वह मौन है।

'सुदामा पांडे का प्रजातन्त्र' कविता-संकलन की भूमिका में विद्यानिवास मिश्र ने लिखा कि "धूमिल की कविताओं में कविता के मनुष्य की पहचान जहाँ कहीं मिलती है वहीं मैं उनकी कविता का श्रेष्ठ अंश पाता हूँ और उसको सामने रखकर उनकी असह्य तिलमिलाहट को देखता हूँ तो मुझे यह तिलमिलाहट अतिरंजित नहीं लगती।" धूमिल में यह तिलमिलाहट इसलिए तीव्र है कि उनकी कविता कालबद्ध है। कालविहीनता के षड्यन्त्र को वे सहन नहीं कर पा रहे हैं। 'कविता के भ्रम में' शीर्षक कविता में वे लिखते हैं :

कविता के कान हमेशा चीख से
सटे रहते हैं।
नहीं; एक शब्द बनने से पहले
मैं एक सूरत बनना चाहता हूँ
मैं—थोड़ी दूर और और आगे
जाना चाहता हूँ
जहाँ हवा काली है। जीने का
जोखिम है। सपनों का
वयस्क लोकतन्त्र है। आदमी
होने की चाह है।
मैं थोड़ा आगे जाना चाहता हूँ
जहाँ जीवन अब भी तिरस्कृत है
संसद की कार्रवाही से निकाले गए वाक्य की तरह।

धूमिल की कविता में काल की खंडित स्थिति निरन्तर प्रक्षेपित होती रहती है जिसके भीतर ही अक्सर वे मनुष्य को देखते हैं। काल के छद्म रूप के विन्यास के साथ वे इतिहास का समग्र रूप जोड़ बैठते हैं। काल के साथ की सहयात्रा में वे अनुभवों के सीधेपन के साथ नज़र आ रहे हैं।

समकालीन कविता में मलयज की भूमिका इसलिए महत्त्वपूर्ण है कि उनकी रचनात्मकता में परिवेश से टकराने और ज़ख्मी होने के संकेत बराबर मिलते रहते हैं। उनकी कविता में निरन्तर छटपटाहट का आभास मिलता है जो प्रकटतः मुखर नहीं है, पर उनकी अन्तर्वस्तु उसी से परिचालित है। इस दृष्टि से उनका 'अपने को प्रकाशित करता हुआ' शीर्षक संकलन समकालीन कविता को परिभाषित करता है। मलयज की कवि-दृष्टि समय के दबाव पर टिकती है। इसलिए काल की धुरीहीनता के कविता-चिह्न उनमें बिखरे मिलते हैं। कवि की स्थिति पर ज़ोर देनेवाली उनकी 'कवि' शीर्षक कविता में काल का सही प्रतीकन हुआ है। सरलीकरण के विरुद्ध कवि अपनी संस्थिति का ब्यौरा ही दे रहा है :

सौन्दर्य की चट्टान फोड़कर निकलता
यथार्थ का वह क्रूर कठोर पंजा
एह हताश चेहरे के बालों में ठहरा हुआ
मुझे याद है
किस तरह उँगलियों के नाख़ून प्रतीकों को चींथ कर
बिम्बों को छेदते भाटों को कुरेदते किस तरह
सीधे मर्म को छलनी छलनी कर देते थे तेरे
मुँह से निकली हुई आह

किस तरह सीने से फूटती ख़ुशी का
काव्यक्षण बन जाती थी
एक अलग क्यारी में खिली हुई व्यक्ति की महत्ता
अपनी विनम्रता में आनेवाली पीढ़ियों की
अगली सम्भावनाओं में कस जाती थी।

इस कविता में 'कविता का जगह' याने 'कविता का स्पेस' अपनी सही दिशा खोज रही है क्योंकि कविता का संकेत है कि "मुँह से निकली आह किस तरह सीने से फूटती खुशी का काव्य क्षण बन जाती थी।" कवि की भूमिका (यहाँ किरदारी) के बारे में मलयज की प्रतिक्रिया यों है :

हर बदलते दृश्य में वही का वही
दुख के पके फोड़ों में ज़माने का ज़हर समोए
सुख के लपकते शोलों में
एक अदने घोंसले सा सुलगता हुआ
हर बार मरने में हर बार जीता हुआ।

यहाँ मलयज कवि के आत्मसंघर्ष की स्थितियों को प्रस्तुत कर रहे हैं। इसलिए उनके 'काव्य-नाटक' में सूत्रधार अभिनेता और दर्शक वही बन जाते हैं। यह अजीब नाटक इसलिए जरूरी बन गया है कि वे अपनी अदाकारी को परिभाषित करना भी चाहते हैं। इसीलिए तो मलयज अपनी एक अन्य कविता 'तिनके की चीख' में लिख पाए :

अपने से बाहर
उस चमकती चीज़ को एकटक घूरते हुए
मैंने कहा : घुलावट से बचो
खतरा
टकराकर टूट जाने में नहीं
उस बहाव में जो टूटन को टकराहट से
अलग रखता है।

मलयज टूटन को अनिवार्य समझते हैं। पर उन्हें मालूम है कि उसे टकराहट से बचाकर रखने की रस्म काल के अन्तर्गत सुरक्षित है। इस रस्म को ही वे तोड़ना चाहते हैं इसलिए मलयज अपने "औसतपन से परेशान हैं" और उन्हें लगता है कि थोपे गए जागरण में कर्म का बाजा बजाते हुए, छपे भाव की तरह बिकते हुए, "कमाई के नाम पर अपने होने को अप्रकाशित करना काल की सच्ची प्रतीति को छद्म में परिवर्तित करना है।" मलयज की कविता तमाम प्रकार की बौखलाहटों के बावजूद काल के छद्म के विरुद्ध लिखी रचना है।

चन्द्रकान्त देवताले की कविताओं के सम्बन्ध में विष्णु खरे का कथन है

कि ये "आदमी के नृशंस अत्याचार के विरुद्ध खड़ी कविताएँ हैं।" उन्होंने आगे लिखा, "वे हिन्दी के उन कवियों में हैं जिन्होंने समकालीन होने की भगदड़ में मानवीय अनुभवों की सार्थक बहुलता से पलायन नहीं किया" ('दीवारों पर खून से' संकलन की भूमिका)। जो कवि काल के साथ सहयात्रा करता है वह आसपास नृशंसता का अनुभव कर सकता है। अनुभव के इस खरेपन के कारण कवि की संवेदना गहराती है। अर्थात् कवि की संवेदना गहरी और तीखी है तो उसका अर्थ है कि वह काल का सहयात्री है। चन्द्रकान्त देवताले में यह सहयात्री बोध तीक्ष्ण रहा है। 'दीवारों पर खून से' शीर्षक संकलन की एक कविता है 'पोलियोग्रस्त बच्चे की सवारी'। इसमें देवताले गलत अक्षरों से निर्मित गलत वातावरण का अन्दाज़ा लेते हैं और काल के छद्म को प्रस्तुत करते हैं। प्रस्तुत कविता के वाचन के अवसर पर सबसे पहले हमारे चारों ओर व्याप्त अवांछित काल और उसको प्रतीकवत् करनेवाली यह बड़ी इमारत उभर आती है। लेकिन इसके चेहरे पर एक भी शिकन नहीं है। यही आज के छद्म का असली रूप है। इसलिए कवि को लगता है :

मेरी आँखों के सामने फैलने लगा तस्कर समुद्र
और सफेद डोंगियों में काले तजुर्बों का
आकृति देते हुए मुझे दिखे बन्द गले के
सैकड़ों कोट, मेज़ों पर चिपकी हज़ारों कमज़ोर आँखें।

यह कविता समय की उलटफेर को गहराई में समझनेवाली रचना है। कविता में यह भी बताया गया है कि अब उस पोलियोग्रस्त बच्चे को हाथी के चमकते हौदे पर बिठलाकर सवारी निकालने की बात सोची जा रही है और कवि की प्रतिक्रिया है कि कविता यहीं खत्म होती है क्योंकि कविता छद्म को बिम्बवत् नहीं कर सकती। देवताले की यह कविता समय की बीहड़ता को दर्ज करती है। समय का यह रूपान्तरण हज़ारों कमज़ोर आँखों को चकाचौंध कर सकता है। उसका इरादा वही है। कविता का सत्ताधारी राजनीतिक पुरुषों का संकेत काल-विपर्यय को प्रतिबिम्बित करता है और कविता की सम्भावना को विपुल भी करता है। धूमिल ने 'राजकमल चौधरी के लिए' कविता में ये पंक्तियाँ लिखीं :

बार-बार
उसकी कविताओं में
बवासीर की गाँठ की तरह शब्द
लहू उगलते हैं
और बार-बार मेरे भीतर कुछ टूटता है
टूटता है और मुझे तैयार करता है

चुनौतियों के सामने।

धूमिल की इन पंक्तियों में राजकमल चौधरी की अनथक पीड़ा की सूचना है और उनकी संघर्षचेतना की गहराई भी, जो धूमिल को आगे की राह बता देती है। अतः राजकमल की लम्बी कविता 'मुक्तिप्रसंग' मात्र निजी जीवन की दारुणता की अभिव्यक्ति नहीं बल्कि वह समकालीन अन्तर्विरोधों का हलफनामा भी है। समय को दूषित करके मानवीय अनुभवों की सार्थक बहुलताओं को गुम करने की वृत्ति का विरोध राजकमल अपने औघड़पन के माध्यम से दर्शा रहे हैं :

भिखमंगों अफीमची रंडियों की काली और अन्धी दुनिया में
मसानों में
अधजली लाशें नोचकर
खाते रहना श्रेयस्कर है जीवित पड़ोसियों को खा जाने से
हम लोगों को अब शामिल नहीं रहना है
इस धरती से आदमी को हमेशा के लिए खत्म कर देने की
साजिश में।

वस्तुतः यह हमारे कालखंड की साजिश है जो आदमियत को हमेशा के लिए नष्ट करने पर तुली हुई है जिसकी तरफ राजकमल चौधरी का अर्थवान इशारा है।

लीलाधर जगूड़ी की कविताएँ मौजूदा अन्धकार में लड़ी जा रही लड़ाई की कविताएँ हैं। वे उस अन्धकार को पहचानते हैं जिसने हमारे काल को छिपा दिया है। टटोलने से कोई फायदा नहीं। यह ज़रूरी नहीं कि टटोलने से सही ज़मीन मिले। काल की इस विकरालता को जगूड़ी निरन्तर शब्द देते रहे हैं। 'नाटक जारी है' से लेकर उनकी कवि-दृष्टि इसी के आसपास बनी रही है। 'रात अब भी मौजूद है' संकलन की एक कविता इस प्रकरण में विश्लेषण के योग्य है। कविता का शीर्षक है 'मुझे भय है' :

और मुझे भय है
कि मेरे पैरों के नीचे खड़ी होगी
नहीं—नहीं
एक ऐसी ढलान भी हो सकती है
जिस पर देखते ही लोग रपटने लगेंगे
(जिसमें झपटने की कोई तुक नहीं होगी)
मुझे भय है घास में
बर्छे उगे हुए हैं
नदियाँ सूख गई हैं

और उनमें करोड़ों साँप लहरा रहे हैं
जैसे पानी बह रहा हो।

कविता की आशंका असुरक्षित होने का भाव व्यंजित करती है। असुरक्षा का यह भाव समय द्वारा प्रदत्त है। अपने पैर तले की ज़मीन को इस प्रकार रूपान्तरित देखनेवाले कवि की आशंका बढ़ती है और समय के छद्म को वह छूने लगती है : 'मुझे कई बातों का भय है'। प्रस्तुत कविता में जगूड़ी ने अपनी आशंका को कम करके उससे उबरने का प्रयत्न नहीं किया है जबकि भयाशंकित मानसिक अवस्था को और अधिक स्पष्ट कर रहे हैं। कई बातें कइयों के पास सुरक्षित हैं। कोई कुछ नहीं कह रहा है। कहने पर जो कुछ होने की सम्भावना है उसका भय व्यापता है। काल ने हमें यह सीख दी है कि सच बतलाने योग्य कथ्य नहीं है। लेकिन इस कविता में 'डूबते लोगों को हवाई जहाज़ से देखनेवालों' का उल्लेख समय के सरलीकरण का एक सशक्त संकेत है और उसके साथ ही अन्य भयाशंकाएँ निजी कमजोरी से हटकर काल के गलत व्यवहार में परिणत होती हैं।

'इस यात्रा में' कविता-संकलन की एक छोटी-सी कविता में, 'अपराध' में, कवि का कथन है :

जहाँ-जहाँ। पर्वतों के माथे
थोड़ा चौड़े हो गए हैं। वहीं-वहीं बैठेंगे
फूल उगने तक
एक दूसरे की हथेलियाँ। गरमाएँगे
दिग्विजय की खुशी में
मन फटने तक।

जो कवि यह देख सकता हो और कह सकता हो कि "मैं तुम्हारे शरीर में। वे सार्वजनिक उजाड़ ढूँढ़ रहा हूँ" जिसे लोग बीड़ी के टुकड़े की तरह ज़मीन पर रौंद दें, तो वह कवि आकांक्षा-भरे हृदय के साथ कह भी सकता है कि फूल उगने तक बैठूँ। यही आकांक्षा काव्य के साथ सहयात्री होने की त्वरा तो त्वरित करती है। 'वहाँ ज़रूर कोई दिशा है' कविता की अन्तिम पंक्तियाँ जगूड़ी की कविता को कालयात्री होने का एहसास देती हैं :

जब चारों ओर
बारूद की गन्ध छा रही हो
तो इधर चलना ज़रूरी हो गया
जिधर से
मिट्टी में मिले हुए नगण्य लोगों को
छूकर

अब भी
फसलों की गन्ध
आ रही हो।

'कविता का जन्म' शीर्षक कविता में कुमारेन्द्र पारसनाथ वास्तव में अपना वक्तव्य ही दे रहे हैं। पर वे यह भी बताते हैं कि "अपनी धरती से प्यार करनेवाले रचनाकार की जुबान पर आए नए शब्दों को नहीं सुना जा सका। और यह सब एक मामूली घटना के रूप में लिया जाता रहा" काल की इस जालसाज़ी का अन्दाज़ा लगाने का रचनात्मक प्रयास ही कुमारेन्द्र पारसनाथ ने किया है और अपने प्रयास के दौरान वे यह प्रस्ताव रख रहे हैं जो काल का बड़ा षड्यन्त्र है :

कल एक गाँव जल गया।
उसके पहले
उसके पास वाला गाँव
जल गया था। और उसके पहले भी
उसके पास वाला।
और इस तरह गाँव के गाँव जल गए थे।

अन्तिम पंक्ति के शब्द 'और इस तरह' समय की अयाचितता की अनवरता को चिह्नित करने में सक्षम हैं। कवि का इतिहासबोध ही इस नैरन्तर्य को रेखांकित करता है। इसी ऐतिहासिक विवेक के कारण काल की धोखाधड़ी का पता उन्हें लग जाता है। अपनी इस सूझबूझ के कारण ही वे बताते हैं :

एक दिन
दृढ़ प्रतिरोध में उठे हुए एक नन्हें हाथ के मुकाबले
'स्वतन्त्रता की विशालकाय मूर्ति' भी
छोटी—बहुत छोटी
पड़ गई।

यहाँ स्वतन्त्रता नियमित रूप से शान्ति-कपोतों को उड़ाने वालों की स्वतन्त्रता है जो हमारे समय की सबसे बड़ी साजिश है। उस साजिश को तोड़ना पारसनाथ का उद्देश्य है जो कि समकालीन कविता का उम्दा कविता-कर्म भी है।

वेणुगोपाल की कविता का आभ्यन्तर विस्तृत है। इसका कारण यह है कि वे जिस सच को समेटते हैं उसमें हमारे इतिहास के विभिन्न परिदृश्य एक-दूसरे से भिड़ते हैं। आपस में गुँथते इन इतिहास-चित्रों के ज़रिए वेणुगोपाल काल की नकाब पेश करते हैं। आज की अवास्तविकताओं की वास्तविकता उनकी कविता में खुलती है। काल की बर्बरता के प्रति वेणुगोपाल की दृष्टि सख़्त है और इसी प्रकार वे अपनी काल-चेतना प्रस्तुत भी करते हैं। उनकी 'ब्लेकमेलर' शीर्षक कविता

इसका प्रमाण है :

वह
किस वक्त और कहाँ मेरे साथ हो जाएगा ?
नहीं जानता। इतना तो तय है कि वह
ऐसा कोई मौका नहीं चूकता जो मेरे लिए
महत्त्व रखता हो
तेलंगाने का जुलूस निकल रहा था और वह मेरे पास था
विद्यार्थियों और मज़दूरों पर गोली चल रही थी और वह
मेरे साथ था
नक्सलवाड़ी और श्रीकाकुलम में सरकारी ताकत को मुँह तोड़
जवाब दिया जा रहा था और वह मेरे पास था।
अकाल के वक्त, बाढ़ के वक्त, हड़ताल के वक्त, गरज कि हर
अहम मौके पर वह मेरे साथ होता है।

वेणुगोपाल की यह कविता इतिहास के कुछ चुने हुए सन्दर्भों की ओर इशारा करती है जहाँ सशस्त्र क्रान्ति के कार्य घटित हुए। कविता काल के उन सन्दर्भों को इसलिए बिम्बवत् कर रही है कि इसी इतिहास-चेतना ने पहली बार भारतीय इतिहास की जड़ता को, सामाजिक जड़ता को या काल की भीषण जड़ता को तोड़ा था। वेणुगोपाल की काल-दृष्टि इसमें स्पष्ट है। इसलिए इन घटनाओं को वे अनैतिहासिक घटनाएँ बताते हैं।

'पहल' पत्रिका (फरवरी–1984) में प्रकाशित उनकी एक छोटी-सी कविता है 'कमाल का जादू'। वेणुगोपाल ने इस लघु कविता में काल के साथ 'ऐतिहासिक घटना' को जोड़ा है जहाँ तीर पलटकर/निशानेबाज को ही धराशायी करता है। हमारी काल-चेतना ऐतिहासिक और अनैतिहासिक श्रेणियों में बँध गई है और उसमें से काल उभरता नहीं है। काल की यह अनावृत अवस्था आरोपित है। उसे अवास्तविक बने रहने की या बनाए रखने का वातावरण ही मज़बूत दीखता है।

कुमार विकल की कविता 'स्वप्न घर' जो 'वर्तमान साहित्य' के कविता विशेषांक में प्रकाशित हुई है, काल के गलत चिह्नों को अंकित करके उससे मुक्त होकर अपने स्वप्न घर की खोज की कविता है जिसमें कई दृश्य हैं :

पहली बार
उन्होंने
मेरी पीठ पर
जलती सलाखों से आग की भांषा में
एक ऐसे देश का नाम लिख दिया था

जो दुनिया के किसी देश के नक्शे में नहीं था
दूसरी बार
वे
कर्फ्यू के अँधेरे में
फौजी बैंड बजाते हुए आए
और एक धर्मस्थल के निकट
मेरे शरीर पर दनदनाए

....

...नहीं चाहिए मुझे कोई देश
कोई धर्मस्थल
किसी धर्म का कोई पवित्र परिवेश
मुझे लौटा दो बस
इस विशाल पृथ्वी पर
मैंने जो बसाया था
एक छोटा सा स्वप्न घर।

इस कविता के वाचन के अनेक स्तर अन्वेषित किए जा सकते हैं। पहला और मुख्य स्तर आम आदमी की वह विडम्बना है जो सदैव गलत काल में प्रविष्ट होने के लिए बाध्य हो जाता है। 'कर्फ्यू' और 'रिफ्यूजी कैम्प' के प्रयोग से वाचन का दूसरा स्तर विकसित होता है और वह उस विडम्बनाजन्य अवस्था को प्राप्त होनेवाला राजनीतिक अवलम्ब है। इन दोनों के गठबन्धन से औसत जीवन आतंकित हो जाता है। कविता में औरत का आर्त स्वर इस विशाल पृथ्वी पर बसाए स्वप्न घर की इच्छा को ही दुहरा रहा है।

समकालीन कविता में आलोकधन्वा का शिखर स्थान है। इसका कारण सम्भवतः उनकी दृष्टि की प्रखरता है। काल के सभी आयाम उनकी कविताओं में समाए हुए हैं। काल के इच्छित पक्ष को वे अपनी कविताओं में बराबर प्रस्तुत करते हैं। लेकिन काल के अनिच्छित पक्ष का पूरा ध्वंस अनुभव करने के बाद ही वे कविता प्रस्तुत करते हैं। 'पहल' पत्रिका के कविता-विशेषांक (जनवारी, 1979) में प्रकाशित 'कपड़े के जूते' शीर्षक कविता विशेष रूप से विवेचन के योग्य है। इस कविता में कपड़े के बने जूते रेल की चमकती हुई पटरियों के किनारे पड़े हुए हैं। "एक आदमी उन्हें छोड़कर चला गया" था और वह एक ही कदम बाद अदृश्य हो गया था क्योंकि "जूतों की दुनिया है सिर्फ एक कदम की"। कविता के प्रस्तुत संकेत से ही जूते अपने यथार्थ के साथ असंख्य यथार्थ को समेटने लगते हैं। वह इतिहास का एक अंश बन जाता है और जीवन के हर प्रकार के परिवर्तन को देखता है। आलोकधन्वा हमारी संस्कृति में निहित अमानवीयता को ही दर्शा

रहे हैं :

जूते जो प्राचीन हैं
जिस तरह नावें प्राचीन हैं
चाहें उन्हें कल ही क्यों न बनाया गया हो
जैसे फल—
जो जूतों और नावों से भी अधिक प्राचीन हैं
चाहे वे आज की रात कहीं क्यों न फले हों
जैसे पाल—
जो हमारे कपड़ों से बहुत अधिक प्राचीन दिखते हैं—
लेकिन हमारे कपड़े
जो पालों से बहुत अधिक प्राचीन हैं।
और प्राचीनता एक ऐसी चीज़ है—
जिसे अपने घुटनों में जगह दो !
ताकि ये घुटने किसी तानाशाह के आगे न झुक सकें।

इतिहास और संस्कृति की अमानवीयता के बीचों-बीच पथ बने हुए ये जूते—"वे अब सिर्फ कपड़े के पुराने जूते ही नहीं हैं—बल्कि वे अब ऐसे धुँधले और रास्ते हो चुके हैं" सच का एलान कर रहे हैं। कविता में इसके लिए भी पर्याप्त संकेत हैं कि जो छोड़ दिए गए हैं, जिन्हें ठुकराया गया है, जिन्हें नज़रअन्दाज़ किया है वह मामूली और औसत होकर भी अपना इतिहास खुद बनाएगा। कविता के प्रारम्भ में जो पंक्ति है वह ध्यान देने योग्य है—"क्योंकि जूतों की दुनिया है सिर्फ एक कदम की" और "उस ओर गुज़र रहे हर राहगीर का एक कदम पीछा करते हुए वे कपड़े के पुराने जूते हैं"। लेकिन अब वे धुँधले ही सही खतरनाक रास्ते में परिणत हैं जिस पर जासूस भी चलने में असमर्थ है :

लेकिन जब तारे छिटकने लगते हैं—
और शाम की टहनियाँ उन पुराने जूतों में मर जाती हैं—
तो उन्हीं धुँधले और खतरनाक रास्तों पर स्वप्न के
सुन्दर चक्के तेज़ घूमते हुए आते हैं और
आदमी की नींद में रोशनी और जड़ें फेंकते हुए
कहाँ-कहाँ फेंक दी गई और छोड़ दी गई और
बेकार पड़ी चीज़ों को एक
हरियाली की तरह बटोर लाते हैं।

काल के ध्वंस से उबरकर आने के पश्चात् कवि-दृष्टि सही अर्थ में कालयात्री हो जाती है। इसलिए दावे के साथ कवि कह पा रहा है :

मृत्यु भी उन जूतों को पहनना नहीं चाहेगी
लेकिन कवि उन्हें पहनते हैं
और शताब्दियाँ पार करते हैं।

आलोकधन्वा की एक कविता जो 'वर्तमान साहित्य' के कविता विशेषांक में प्रकाशित हुई है जिसका शीर्षक है 'फर्क'। केदारनाथ सिंह ने 'फर्क नहीं पड़ता' शीर्षक से एक कविता लिखी और उनका कथन है कि फर्क नहीं पड़ता मेरे समय का मुहावरा है। केदारनाथ काल की अवरुद्धता पर ज़ोर देते हैं जिसने बहुत कुछ को जड़, अरचनात्मक कर दिया है जिसको एक सरल समीकरण में बाँधने के कारण उन्होंने इसे युग का मुहावरा मान लिया है। लेकिन आलोकधन्वा फर्क करना ही चाहते हैं। वे भी काल की गतिहीनता महसूस करते हैं। पर केदारनाथ जैसे निर्लिप्तता से वे वशीभूत नहीं हैं। वे फर्क करना चाहते हैं और उनका विश्वास है कि जड़ता और गति में फर्क है : हत्याएँ और आत्महत्याएँ एक जैसी रख दी गई हैं/इस आधे-अँधेरे समय में/फर्क कर लेना साथी।

कविता के अन्त में मुक्तिबोधीय पहचान का एक संकेत भी इसमें प्राप्त है। पर वह सिर्फ अँधेरे तहखानों की भीषण दुनिया नहीं है। यहाँ समय आधा और अँधेरे से युक्त है। आलोकधन्वा की कविता मुक्तिबोध और केदारनाथ के आगे चलती है। भयावहता का संकेत भर कविता में है। काल का यह विकलांग पक्ष है। पर काल को सहचरी मानने का साहस कवि की रचनात्मक दृष्टि में मौजूद है। इसलिए कविता अन्त में सम्बोधित होकर कहती है कि "फर्क कर लेना साथी"।

विनोदकुमार शुक्ल की एक शीर्षकहीन कविता ('साक्षात्कार'—जनवरी-मार्च, 1991) प्रकाशित हुई जिसका शीर्षकहीन होना ही उसके कालबोध का प्रमाण है। यह युद्ध की नृंशसता पर लिखी इस दौर की एक ताज़ी कविता है। सब किसी को अपनी मूल प्रजाति की तरह दिखाने की साजिश ही इस नृशंसता की वास्तविकता है जो विनोदकुमार शुक्ल अपनी सूक्ष्म संवेदना के बल पर दिखा रहे हैं :

एक अजनबी पक्षी
एक पक्षी की प्रजाति की तरह दिखा
जो खाड़ी युद्ध के
पहले बम के विस्फोट की आवाज़ से
डरकर यहाँ आया हो
हवा में एक अजनबी गन्ध थी
साँस लेने के लिए
कुछ कदम जल्दी जल्दी चले

फिर साँस ली
वायु जिसमें साँस ली जा सकती है।
यह वायु भी प्रजाति है
जिसमें साँस ली जा सकती है।
एक मनुष्य, मनुष्य की प्रजाति की तरह
साइरन की आवाज़ सुनकर भागता है
और गड्ढे में कूदता है
गड्ढे के किनारे किनारे टहलती हुई
एक गर्भवती स्त्री
एक मनुष्य जीव को जन्म देने के लिए
गड्ढे में उतर जाती है
पर कोई मनुष्य मर जाता है
इस मनुष्य होने के अकेलेपन में
मनुष्य की प्रजाति की तरह लोग थे।

इन काली छपी पंक्तियों में काल की छिन्न अवस्थाओं का प्रतिबिम्ब ही स्पष्ट होता है। लुप्त होती प्रजातियों की विडम्बना को इसमें मूर्त किया गया है। खाड़ी युद्ध के संकेत से स्पष्ट है कि यह उस दौर की कविता है। पर उस सन्दर्भ से कविता धीरे-धीरे विकसित नज़र आती है। मनुष्य की प्रजाति को जन्म देनेवाली स्त्री के उल्लेख से कविता समाप्त होती है और खाड़ी युद्ध के दौरान के पक्षी की निरवलम्बता सर्वत्र व्यापित होती है। स्थितियों के बीच में काल की छिन्नता का अनुभव महसूस किया जा सकता है। युद्ध, पक्षी का बेसहारापन तथा जन्म और मरण के बीच के मनुष्य की स्थिति इत्यादि को कवि ने एक ही नाम से भाँपा है और मनुष्य की दयनीय दारुणता का नक्शा प्रस्तुत किया है। कवि के इस मानचित्र में काल पूरी तरह से जड़ है, उस जड़ता को प्रजातियों की स्थिति से जोड़कर उसे मूर्त कर दिया गया है।

'पूर्वग्रह' (39-40) में प्रका़शित अरुण कमल की कविता है, 'तमसो मा ज्योतिर्गमय' जो कि एक समाचार पर आधारित है। कवि ने संकेत भी किया है–''मध्यप्रदेश के एक गाँव में आदिवासियों ने बिजली लगाने का विरोध किया–एक समाचार''। अतः यह कविता समाचार का कविता में रूपान्तरण है। इस रूपान्तरण के ज़रिए अरुण कमल अँधेरे को परिभाषित कर रहे हैं और यहाँ अँधेरा काल का ही है :

उन्हें रोशनी नहीं चाहिए
बिजली के तार और खम्भे
ट्यूब और बल्ब

नहीं चाहिए
एक अँधेरा जो सब अँधेरे से बड़ा और घना है
जहाँ रात ही रात है हज़ारों सालों से
बीहड़ जंगलों
और गहरे कुँओं के अँधेरे से भी
बड़ा और घना है
छोटे दिमाग का अँधेरा।

यहाँ अँधेरा अपने कालेपन के साथ नहीं, अपनी धूमिलता के साथ नहीं बल्कि वह इतना नंगा और स्पष्ट है। लेकिन अरुण कमल की कविता में शब्दों के विन्यास में अँधेरा समय की गहरताओं से घुलमिल जाने का संकेत देता है। तब उसकी स्पष्टता अधिक स्तरों से युक्त दीखती है।

अशोक वाजपेयी की कविता 'वे आएँगे', जो उनके 'तत्पुरुष' शीर्षक संकलन की है, निर्मम सच को उजागर करनेवाली है। कविता की भाषिक संरचना औदात्य का आभास देती है। 'दिव्य निर्मम आभा से दीप्त' करनेवाली भाषा वास्तव में समय की भयावहता को, जो आवृत है, आवरण सहित प्रस्तुत करने के लिए प्रयुक्त है। अशोक वाजपेयी में स्थितियों को तराशने की रचनात्मक ताकत भी है। धीरे-धीरे बढ़ते तन्त्र को मौकापरस्ती की 'राजनीति' जो हमारे समाज में सदैव रही है, इस कविता की पीठिका है :

वे देवदूतों की तरह
धवल—उज्ज्वल
उदार चरित आएँगे।
वे आश्वस्त करेंगे,
उनके पास होगा पाथेय
नयनपथगामी
वे देवदूतों की तरह आएँगे।
तुमने उन्हें बुलाया न भी हो
वे आएँगे।
वे उत्कर्ष का गान समवेत गाएँगे।
वे धीरे-धीरे बिना कुछ कहे
हथिया लेंगे तुम्हारी जगह।
हर लेंगे, तुम्हारे वचन,
तुम्हारा रक्तकल्प कर,
तुम्हें अपनी अस्थियों के अँधेरे में
चुपचाप छोड़कर

दिव्य निर्मम आभा से दीप्त करके
वे आगे चले जाएँगे।
वे देवदूतों की तरह आएँगे
और नरक में तुम्हें छोड़कर
अपने स्वर्ग लौट जाएँगे।

इस कविता में इतिहास का संकेत सन्निविष्ट है। इतिहास को गवाह बनाकर कवि ने इस आवृत्तिजन्य स्थिति को प्रस्तुत किया है जिसमें हर बार, हर क्षण किए गए कई ताकतवर उपक्रम ही संकेतित हैं। पर कविता 'उनके' तथा 'उनके आगमन' को जिस तरह से व्यंजित करती है, उसी में काल की अरचनात्मक अवस्था गुम्फित है। कविता की अन्तिम पंक्ति उस आवृत्ति को सूचित ही नहीं करती, अपितु एक सशक्त संकेत भी दे रही है।

कालयात्री कविता में ही यह पहचान सुरक्षित है कि भव्यता की अनेक तहें हैं। भव्यता उसकी निरी बहिरंगता है। हमारी वर्णमालाओं, लिपियों और भाषाओं को दरकिनार करनेवाली भव्यता सब कुछ हथिया लेती है। इतिहास इसका गवाह है। अशोक वाजपेयी उस पहचान को अपनाते हैं। इसलिए वे कह पाते हैं कि वे आएँगे। पर कवि यह भी कह सकता है कि वे लौट जाएँगे। उनके आने और जाने के बीच क्या कुछ घटित होगा। इस कारण से ही विनय दुबे अपनी कविता 'शायद कविता' (साक्षात्कार—जनवरी-मार्च, 1991), जो 'शायद' शीर्षक से उनके 'खलल' शीर्षक कविता-संकलन में संकलित है, में काल की इस नाटकीयता को दर्शाते हैं। यह मौकापरस्ती का पर्दाफाश करनेवाली कविता नहीं है। यह काव्य के सनातन नियम की कविता है। यह काव्य के वक्तव्य की कविता है : सच को शायद सच/और कविता को शायद कविता कहो। काल का वक्तव्य सही कविता पेश नहीं करती। काल का वक्तव्य गलत कविता ही पेश करती है। इसे काल की भूल गलती कहकर सान्त्वना पाना कठिन है। गलतियों की निरन्तरता में से सान्त्वना का अनुभव करना कितना घोर अनुभव होगा। यह घोर अनुभव कवि का है। इसलिए कवि की कालयात्री दृष्टि यही है कि इससे बच पाना मुश्किल है। ऐसा कहकर, गलत वक्तव्य पेश करके कोई बच नहीं सकता।

शलभ श्रीराम सिंह की कविता 'सपने पीछे छूट रहे हैं' (समकालीन भारतीय साहित्य—जनवरी-मार्च, 1993) काल की चिन्ताओं को व्यक्त करनेवाली है। किसी एक बकरी को आखिरकार अपना गला कसाई के आगे रखना ही पड़ता है। (अय्यपन नाम के मलयालम के समकालीन कवि की कविता का संकेत) काल का निर्दोष-सा लगनेवाला बहाना ही सबसे बड़ी विडम्बना है। शलभ श्रीराम सिंह ने काव्य के इस अन्तरंग रूप को ही अनावृत किया है जिसमें सभी—मेमना, कबूतर, तितलियाँ, पत्तियाँ, फूल, डालियाँ और अन्त में औरतें—यांत्रिक ढंग से काल के

ध्वंसक शिंकजे की ओर जा रहे हैं। इसलिए कवि के अनुसार सपने पीछे छूट रहे हैं :

सपने पीछे छूट रहे हैं
आगे-आगे चल रही हैं चिन्ताएँ
मेमने कसाइयों के हवाले करते जा रहे हैं गर्दनें
बाज के घोंसलों में दाखिल हो रहे हैं कबूतर
तितलियाँ मकड़ों के जाल की गिरफ्त में पहुचती हैं अपने आप
सपने पीछे छूट रहे हैं
पत्तियाँ पतझर की साँसों से खेल रही हैं
फूल आग की तलाश में निकल पड़े हैं अचानक
डालियाँ आँधियों के इन्तज़ार से खड़ी हैं सर झुकाए
चिन्ताएँ आगे-आगे चल रही हैं।
बच्चे खेल रहे हैं बारूद का खेल
औरतें मुस्कुराहट में सन्नाटा समेट रही हैं
दुनिया उदास और उदास होती जा रही है
सपने पीछे छूट रहे हैं।

एक अन्य कविता में 'सौन्दर्यवान है सब कुछ' में उन्होंने लिखा—"सब कुछ सौन्दर्यवान है अपने-अपने स्व में"। स्थितियों की निरन्तरता में निहित असौन्दर्य की अपरिवर्तनशीलता के गलत को सौन्दर्य में सोखकर जब उन्होंने प्रस्तुत किया तो काल की विडम्बना का बोध स्वयं होता है। उपरोक्त कविता में 'उदास और उदास होती जा रही दुनिया' का उल्लेख वास्तव में सपाट कथन मात्र नहीं है। यहाँ भी अपरिवर्तनशीलता की विडम्बना ही अधिकाधिक बिम्बीकृत होती है। सब अपने को ध्वंस के आगे समर्पित करने के लिए मानो कटिबद्ध हों और उसके उपरान्त 'उदास और उदास' होने की स्थिति में निहित वास्तविकता सही सन्दर्भ में अवास्तविकता की निजता को ही व्यक्त कर रही है। काल की इस जड़ स्थिति और उसके गतिहीन रूप को चित्रित करनेवाले कवि ने एक अन्य कविता में उसी काल के छद्म रूप का परिचय भी दिया है। कविता का शीर्षक है 'सत्ता का कला-प्रेम' ('अक्षरा'—जुलाई-सितम्बर, 1994)। यह कविता सरल व्यंग्यात्मक रचना है। लेकिन उसकी सरलता के बावजूद उसका निहितार्थ काल के अमानवीय पक्ष को अनावृत करता है :

सत्ता के गुलदानों में
सजे हैं शब्द
सत्ता की दीवारों पर

लटके हैं विचार।
सत्ता की हवेलियाँ
संस्कृति को पेश करती हैं
अभ्यागत अतिथियों के स्वागत में
स्वागत में सत्ता-पुरुषों के
खड़े हैं कवि-कलाकार-विचारक
सत्ता का कला-प्रेम
अद्भुत है सचमुच !

रचनाशीलता के कुंठित रूप को दर्शाकर काल की सत्ताश्रित प्रवृत्ति की तरफ कवि का संकेत अपनी सामान्यता के बावजूद भीषण प्रतीति देता है।

काल का यह ध्वसंक रूप विजयकुमार की 'रोता हुआ आदमी' (चाहे जिस शक्ल से) में महानगरीय बोध के बहाने विवृत हुआ है। ऐसी कविताओं में नगरबोध अपनी निर्बाध गति से युक्त एक सरल मिथक है। पर निर्बाधता ही उसकी विकरालता है। इस प्रकार नगरबोध नगरीय जीवन का परिवेश न होकर, तेज़ रफ्तारवाले जीवन का सामान्य परिचय न होकर, मनुष्य-विरोधी षड्यन्त्र का मसला हो जाता है। हमारे समय का अन्तर्विरोध ही ऐसी कविताओं में शब्द पा रहा है :

रो रहा है एक आदमी
दीठ आदमी
रो रहा है
भागते हुए शहर की
बीच सड़क पर खड़ा
जमकर रो रहा है
गला फाड़कर रो रहा है
ताकत बटोरकर रो रहा है
रो रहा है
सरे आम।

विजयकुमार की कविताओं का परिचयात्मक वक्तव्य प्रस्तुत करते हुए राजेश जोशी ने लिखा—"....ये कविताएँ 'अंडर प्ले' की तरह ऊपरी सतह पर बहुत कम बोलनेवाली कविताएँ लगती हैं, लेकिन जैसे ही हम इन कविताओं के अन्दर पैठने की कोशिश करते हैं, वहाँ बहुत बेचैन करनेवाली हलचल है"। वस्तुतः यही हलचल कविता की अहमियत है जो आगे की राह को निर्धारित करती है।

प्रयाग शुक्ल ने भी महानगरीय जीवन को विकराल समय के साथ मिलाकर समकालीन कविता में व्यक्त होनेवाली पीड़ा को अपनी कविताओं के माध्यम से

व्यक्त किया है। घटनाओं की भरमार के बीच किसे रेखांकित करें ? प्रत्येक रेखांकन के समय आदमी को कहाँ संस्थित किया जाए ? यह समस्या नहीं है, आतंक है। समय की विकरालता का यह आतंक है। उनकी कविता है 'होटल कमरे में रात को' (बीते कितने बरस) प्रस्तुत कविता आतुर मन की विह्वलता के रूप में विन्यसित है। मोटर साइकिल की आवाज़ ही सुनाई पड़ती है। रात की यह आवाज़ क्यों ? आतंक की शुरुआत यहीं से है :

कौन है जो भगाए ले जा रहा है
मोटर साइकिल रात को
सड़कों पर
सोया है शहर जब।
क्या है भगोड़ा वह
या फिर गया था वह छोड़ने या
लेने को किसी को स्टेशन !
....
क्या उसके पीछे है बैठी हुई
प्रेमिका उसकी ?
चाँद तक चली जाती
घर पर कोई बीमार ?

इस कविता का अन्त नहीं हो सकता है, क्योंकि नगरीय आतंक का भी अन्त नहीं हो सकता। कविता की यह आतुरता आवेगयुक्त भावुकता नहीं है अपितु एक गम्भीर स्थिति का सामना है। कविता के सवालों के लिए उत्तर मिल सकते हैं। पर रात का घुप अँधेरा है। शहर सोया है। इसलिए उत्तर नहीं मिल सकते। उत्तर का न मिलना इस कविता के ज़रिए मानवीय त्रासदी के रूप में संकेत पा रहा है। उस त्रासदी में काल का अस्पृहणीय पक्ष उद्भासित है।

इब्बार रब्बी की कविता 'दफ्तर में खिलौना' (पहल—फरवरी, 1984) आदमी के अभाव को अंकित करती है। विदित है कि अविश्वास के वातावरण में मूल्यों की गिरावट होती है। आदमी का अभाव तभी महसूस किया जा सकता है। इब्बार रब्बी की कविता एक मामूली घटना पर आधारित है। लेकिन इसे आदमी के विरुद्ध साबित करने योग्य हादसे में परिवर्तित करने की विकरालता किसकी है ? समय का अन्तर्विरोध इसी सन्दर्भ में विकसित होता है। कविता में तमाम मुश्किलों को फलाँगता हुआ व्यक्ति दफ्तर पहुँचता है और वह देखता है कि उसके बैग में एक प्लास्टिक का बिगुल है जो सीटी की तरह बजता है :

सारा दफ्तर चारों ओर जुट गया

और बिगुल की डायनोसार के
जीवांश की तरह घूर रहा है।
सिट्टी-पिट्टी गुम है
यह क्या हो गया
मेरी बच्ची ने बैग में
खिलौना क्यों रख दिया
धूल की पर्तों में हँसी क्यों रख दी
सारे ब्रह्मांड को परेशान कर दिया।
हाय मेरी बेटी क्या किया।
अनुशासन भंग कर दिया
सावधान !
यह आतंकवाद है।

धूल की परतों में हँसी को छिपानेवाली बच्ची से वह आतंकित नहीं है। वह आतंकित इसलिए है कि उस हादसे ने "सारे ब्रह्मांड को परेशान कर दिया।" यही नहीं कि उस प्लास्टिक के बिगुल ने अनुशासन का भंग किया जिसे आतंकवाद करार कर दिया है। हमारे काल में छद्म की खासियत है कि एक ओर वह गम्भीरता को सरलीकृत करती है और दूसरी तरफ सरलता को गम्भीरता का बाना पहनाकर सरलता या आदमियत को खत्म कर देती है। इतिहास के अन्तर्विरोध की ओर यह कविता संकेत करती है।

'आखर अनन्त' शीर्षक अपने कविता-संकलन में विश्वनाथ प्रसाद तिवारी की एक कविता है जो 'लोग गायक हो रहे हैं' शीर्षक से है। कवि ने समय की विडम्बना को एक अजीब हादसे के रूप में प्रस्तुत किया है। बाकायदा यह अजीब घटना है। लेकिन वह वास्तविक है, सच है; इसलिए वह ज़्यादा अजीब है। 'कनॉट प्लेस' शीर्षक कविता में इसी ध्वंस के पहलू को तिवारी ने लोगों के भगाने के दृश्य से जोड़कर प्रस्तुत किया है। कुल अनुभव अजीब है :

लोग ऐसे भाग रहे हैं
कि लगता है कुछ ही घंटों में
खाली हो जाएगी कनॉट प्लेस
सब को आशा है
कि सब को मिल जाएगी गाड़ी
सब को भय है
कि सब की छूट जाएगी गाड़ी।

यह मात्र महानगरीय स्थिति की विकरालता नहीं है। काल-स्वीकृति की अपनी-अपनी

पहचान इसमें व्यंजित है। पर दोनों प्रकार की पहचान में काल का विकृत बिम्ब विकास प्राप्त कर रहा है। उसके सम्मुख मनुष्य निपट निरालम्ब अनुभव करता है। इस काव्यानुभव को ही कवि ने विकसित किया है जिसका एक अलग रूप 'लोग गायब हो रहे हैं' शीर्षक कविता में भी उपलब्ध है :

मैंने अपनी आँखों से देखा है
राजधानी में
एक अदृश्य हाथ उन्हें छूता है
और वे अच्छे-खासे
हट्टे-कट्टे लोग
छूमन्तर हो जाते हैं।

कविता के बीच में एक पंक्ति है कि "रानी गुलाब जल में नहा रही है और राजकुमार अगली सदी तक के लिए सो गया है।" कविता का यह पक्ष उसकी काल विवृति को सही मायने में साक्षात्कृत करता ही है।

वीरेन डंगवाल समकालीन कविता की युवा कविता को सही सन्दर्भ में निर्धारित करती हैं। उनकी कविता का परिचयात्मक वक्तव्य प्रस्तुत करते हुए नीलाभ ने लिखा—"पोथी पतरा ज्ञान कपट से बड़ा है मानव" कहकर वीरेन जिस जिम्मेदारी का एहसास करता और कराता है, उसे पूरा करने की तरफ उसका ध्यान बराबर लगा रहता है। इस तरह मानव से मानवीय नाता जोड़ना वीरेन के लिए ज़रूरी है और इसके लिए उसने साधन के रूप में कविता को चुना है। मानवीय नाता वीरेन डंगवाल के लिए ऊहापोह नहीं है। उसमें से उनका कालबोध विकसित होता है। 'रामसिंह' (इस दुनिया में) शीर्षक कविता एक फौजी को केन्द्र में रखकर लिखी गई रचना है। इस कविता का प्रत्येक सवाल रामसिंह से पूछा नहीं गया है। सवाल हमारी व्यवस्था से पूछा गया है। फौजी सन्दर्भ सवाल को अवश्य गहराता है। कविता की एक सवालनुमा पंक्ति है—तुम किसकी चौकसी करते हो रामसिंह ? उसके पश्चात् रामसिंह के फौजी क्रियाकलापों का ब्यौरा है जहाँ पुतलों को गोली मारना सिखाया जाता है। पर यहीं फौजी की स्मृतियाँ भी हैं। कवि याद दिलाते हैं कि रामसिंह के आगे का रास्ता घुमावदार है। यह जीवन का रास्ता है, यहाँ रामसिंह के लिए ये सब कुछ ही मिलेंगे। कवि रामसिंह से अनुरोध करते हैं कि आँखें बन्द करके उन सबका स्मरण करें :

ठीक है अब ज़रा आँखें बन्द करो रामसिंह
और अपनी पत्थर की छत से
ओस के टपकने की आवाज़ को याद करो
सूर्य के पत्ते की तरह काँपना

हवा में आसमान का फड़फड़ाना
गायों का नदियों की तरफ रँभाते हुए भागना
बर्फ के खिलाफ लोगों और पेड़ों का इकट्ठा होना
आदमी का हर पल हर पल मौसम और पहाड़ों से लड़ना
कभी न भरनेवाले जख्म की तरह पेट
देवदार पर लगे खुशबूदार शहद के छत्ते
पहला वर्णाक्षर लिख लेने का रोमांच
और अपनी माँ की कल्पना याद करो।
याद करो कि वह किसका खून होता है
जो उतर आता है तुम्हारी आँखों से
गोली चलाने से पहले हर बार।

रामसिंह से पूछा गया पहला सवाल और उसके गाँव के लोक-जीवन का भरा-पूरा परिदृश्य एक-दूसरे के सामने हो जाते हैं और कई अनुत्तरित सवालों को जन्म देते हैं। वीरेन डंगवाल की कविता काल के विपर्यय से, काल की अयाचितता से अपना कालबोध निर्णीत करती है जिसे एक समकालीन कवि का काल-सापेक्ष रचनात्मक दायित्व समझना चाहिए।

समकालीन कवि काल का प्रतिपादन और निर्धारण करते ही हैं। यह कार्य उनकी रचना-यात्रा का सबसे प्रमुख कार्य है। लेकिन यह देखा जा सकता है कि कवि-कर्म से काल का निर्धारण सबसे कठिन कार्य है, क्योंकि वे अपने शब्दों को न भुला पाते हैं और न मुद्राओं की भाषा को अपना पाते हैं। उन्हें भाषा में, स्थितियों में, अपने परिवेश में सह-अस्तित्व स्थापित करना पड़ता है और उसके पश्चात् काल का निर्धारण करना पड़ता है। यह काल उतना सीधा सपाट या सरल नहीं है। इतिहास की गति में काल का रास्ता बीहड़ ही रहा है। इसलिए वे काल में स्थित विपरीत अवस्थाओं, विकलांगताओं, छिन्नताओं-भिन्नताओं तथा उसकी तमाम अयाचितताओं को दर्शाते चलते हैं। यह इसलिए है कि उन्हें अन्ततः कालयात्री कविता की खोज करनी ही है।

समकालीन कविता–कविता जनचरित्री है

समकालीन कविता अधिक देसी है। वह इसलिए कि उसमें अपनी जड़ों को पहचानने की क्षमता है। नयी कविता की पश्चिमोन्मुखी दृष्टि समकालीन कविता तक आते-आते लुप्त होती है और वह अपना देसी चरित्र विकसित करने लगती है। यह हिन्दी कविता की परिपक्वता का प्रमाण है। समकालीन कविता की यह पहचान उसे अधिक जीवन्त बनाती है। इसका कारण यह है कि कविता जनजीवन में अपनी सही धरती तलाशने लगती है। यह समकालीन कविता की इच्छा भर नहीं है। इच्छा-निर्वाह की प्रेरक स्थितियाँ ही उन रचनाओं में प्राप्त नहीं होतीं। कविता में हमारी ज़मीन का पूरा विस्तार मिलता है जिसे कविता की लोकदृष्टि भी कह सकते हैं। लोकदृष्टि कविता की अन्तर्निहित प्रवृत्ति है; उसकी संवेदनात्मक स्थिति है। वस्तुतः यह दृष्टि कविता धीरे-धीरे ग्रहण करती है। इसमें कवि के व्यापक लोकानुभव, जनजीवन के साथ उसका गहन संबंध, परिवेश से तादात्म्य, कविता की विरासत के साथ रिश्ता, काव्य-भाषा की जानकारी, लोकभाषा और लोक-व्यवहार का ज्ञान, प्रकृति-दृष्टि, समूची मानवीयता की पहचान, इतिहास-बोध, संस्कृति-दृष्टि और मानवीय आकांक्षाओं को तराशने की विशेष विवेकशीलता आदि प्रमुख रहते हैं। इन सबका मिला-जुला प्रभाव गहरा होता है जिससे दृष्टि-संपन्न संवेदना का विकास होता है।

समकालीन कविता सामान्य अर्थ में जनवादी नहीं है, लेकिन विशिष्ट अर्थ में वह जनवादी है। वह इसलिए विशिष्ट है कि उसमें जनाकांक्षा के कई स्तर हैं। समूचे वर्ग और समूचे समाज की अभिव्यक्ति उसमें हुई है जो सामान्यजन का वर्ग है। इसमें आभिजात वर्ग को स्थान नहीं दिया गया है। किसी एक वर्ग या किसी एक समाज की आकांक्षा की परिधियुक्त स्थिति उसकी नहीं है। मुख्यतः समकालीन दौर में औसत जीवन को प्राथमिकता मिली। इसका अपना एक इतिहास पक्ष है। सदियों की प्रताड़नाओं एवं भ्रष्ट नीतियों के शिकार बने लोग और उनका जीवन औसत जीवन के अन्तर्गत आता है। लेकिन यह भी देखा जा सकता है कि आज प्रताड़ना का स्वरूप विस्तृत हो गया है। शोषित-शोषक सम्बन्धी प्रतिमान बदल चुके हैं। आज सामान्य जीवन इतना विस्तार पा चुका है कि उसमें मानवीय आकांक्षाओं

के कई घटक मिल जाते हैं। समकालीन कविता उन घटकों से परिचित कविता है। इस अर्थ में समकालीन कविता जनचरित्री है। जब कविता समाज के विस्तार में अपने बीजों सहित आकार ग्रहण करती है तब वह जनचरित्री हो जाती है।

समकालीन कविता का जीवन-गन्धी परिदृश्य अतीव विपुल और पारदर्शी है। इस दौर की कविता में लोकधर्मी चेतना के विकसित होने से ऐसा विकास सम्भव हुआ है। यहाँ इस बात पर हमें जोर देना है कि कविता की लोकधर्मिता समकालीन कविता में चमत्कारी शब्दाडम्बर नहीं है। वह उसकी अन्तश्चेतना की सृजनात्मकता है। इसलिए प्रत्येक जीवनखंड सृजनात्मक ढंग से विन्यसित होता है। जड़ता के विरुद्ध अपनाया गया यह दृष्टिकोण कविता के जनचरित्री स्वभाव को, उसकी बारीकी में पहचानने और प्रस्तुत करने में सहायक हुआ है। कहा जा सकता है कि कविता के विपुल होने के उपक्रम में दो प्रकार के कार्य सम्पन्न होते हैं। एक उसका अन्तरंग विस्तार है और दूसरा बहिरंग विस्तार।

समकालीन कविता में जीवन की लघुता का निरन्तर प्रतिपादन मिलता है। यह अकिंचनत्व के बोध से उत्पन्न दृष्टि नहीं है; तुच्छता के एहसास को रेखांकित करने के लिए भी नहीं है। समकालीन कविता में जीवन की लघुता एक जीवन-स्थिति है। उसके अन्तर्गत हम तमाम विसंगतियों का अनुमान कर सकते हैं। राजेश जोशी की कविता 'बच्चे काम पर जा रहे हैं' (समकालीन भारतीय साहित्य—जुलाई-सितम्बर, 1990) बन्धुवा बाल मजदूरों की समस्या की वक्तव्यबाजी की कविता नहीं है। सही अर्थ में यह कविता हमारी व्यवस्था पर चोट करनेवाली है जिसे एक लघु प्रसंग के माध्यम से उजागर किया गया है :

कोहरे से ढकी सड़क पर
बच्चे काम पर जा रहे हैं
सुबह सुबह !
बच्चे काम पर जा रहे हैं
हमारे समय की सबसे भयानक पंक्ति है यह
भयानक है इसे विवरण की तरह लिखा जाना
लिखा जाना चाहिए इसे एक सवाल की तरह
काम पर क्यों जा रहे हैं बच्चे ?

कविता की आक्रोशहीनता कवि के सवाल को गम्भीरता का दर्जा प्रदान कर रही है। बीच में कवि संशोधन कर रहे हैं कि यह भयानक पंक्ति है जिसे विवरण की तरह नहीं सवाल की तरह लिखा जाना चाहिए। यह संशोधन कविता के अन्तर्जगत को और गहराता है। इस प्रकार कविता अपने इच्छित मार्ग पर अग्रसर होती है याने एक सवाल प्रस्तुत कर, जो कि एक लघुतम प्रसंग की प्रतीति भले ही दे, जीवनचरित्री होने का आभास देती है। इसे विस्तार देने के लिए कविता बच्चों

के संसार में जाती है :

क्या अन्तरिक्ष में गिर गई हैं सारी गेंदें
क्या दीमकों ने खा डाली हैं
सारी रंग-बिरंगी किताबें
क्या काले पहाड़ के नीचे दब गए हैं सारे खिलौने
क्या किसी भूकम्प में ढह गई हैं
सारे मदरसों की इमारतें
क्या सारे मैदान सारे बगीचे और घरों के आँगन
खत्म हो गए हैं एकाएक
तो फिर बचा ही क्या है इस दुनिया में ?

एक लघुतम प्रसंग मानो कविता में विराट रूप प्राप्त करता है। कविता का प्रत्येक सवाल मात्र बच्चों की दुनिया के अभाव को ही व्यक्त नहीं कर रहा है, बल्कि उसकी संवेदनशून्यता को भी व्यक्त कर रहा है। कविता की अन्तिम पंक्तियों में ''दुनिया की हजारों सड़कों से गुजरते हुए' बच्चों का उल्लंघन कर राजेश जोशी ने उसे व्यंजकता प्रदान की है।

बच्चों के बहाने लिखी गई राजेश जोशी की एक अन्य कविता—''बच्चों की चित्रकला प्रतियोगिता'—भी समय की संवेदनहीनता पर चोट करती है। राजेश जोशी की विशेषता यह है कि उनके 'दृश्य' गहरी मानवीय तकलीफों और बेचैनियों से भरे हैं। लघुता के प्रतिपादन के सन्दर्भ में 'नेपथ्य में हँसी' की कविताएँ अतिरिक्त इच्छा प्रकट करती सी मालूम होती हैं। वस्तुतः यह इच्छा प्रत्यक्ष है। जीवन की जटिलता आज सर्वत्र विद्यमान है। इसलिए लघुतम प्रसंगों में भी यह अनुभव किया जा सकता है। आसमान, सूरज, चाँद, सितारे, पेड़, पहाड़, नदी सब वहाँ हैं :

उन्होंने मकान सड़कें और पुल भी बनाए
जिन्हें ईश्वर ने भी नहीं बनाया था कभी
फिर उन्होंने बनाईं बसें स्कूटर और कारें
साइकिल चलाते और पैदल चलते
लोग भी बनाए उन्होंने।
चीजों को बनाते चले जाने के उत्साह में
इतना ज्यादा भर गया चित्र
कि गेंद को रखने की कोई जगह ही
नहीं बची चित्र में
तब समझ में आया उन्हें
कि बड़ों ने कैसी-कैसी गलतियाँ की हैं

इस दुनिया को बनाने में !

बालसुलभता कविता का अन्तरंग स्तर है। चित्रों की विविधता उसका बहिरंग स्तर है। पर इन दोनों की मिलावट से कविता का रचनात्मक धरातल विकसित होता है। बालसुलभता कविता की नहीं बल्कि आज की गम्भीर स्थिति को व्यक्त करती है। एक आदर्श भाव प्रकट किया गया है। मगर उसमें निहित आश्चर्य गेंद को रखने की जगह के अभाव से उत्पन्न आश्चर्य नहीं है। रूढ़ और मूढ़ मूल्यों से आच्छादित समाज की संवेदनहीनता का मानचित्र इस कविता में स्पष्ट है।

चन्द्रकान्त देवताले की कविता 'अब उसी वक्त' में (समकालीन भारतीय साहित्य--जुलाई-सितम्बर, 1990) समय में आए बदलाव के साथ स्थितियों के बदलाव को दिखाया गया है। उस बदलाव में देवताले सामान्य प्रसंगों को छेड़ते हैं और उसकी सहजता को असहजता में परिणत करके कविता अग्रसर होती है। देवताले की यह कविता जीवन के केन्द्र की ओर बढ़कर अपना जनचरित्री एहसास देती है :

मुझे याद है दिया-बत्ती के वक्त
माँ के साथ प्रार्थना के लिए खड़ा हो जाता था
अब उसी वक्त घरों में भून दिया जाता है
औरतों और बच्चों को।

दिया-बत्ती के समय में माँ की उपस्थिति और प्रार्थना का कार्य कविता में लघुता के प्रतिपादन का सन्दर्भ है, स्थिति को गहराने के लिए नहीं है। कविता का यह संकेत शतशः जीवनोन्मुखी है। मातृत्व के ऊष्मल स्तर पर संकल्पित करने योग्य एक पारिवारिक दृश्य को कविता के आरम्भ में संकेत के रूप में प्रस्तुत किया गया है। फिर उसमें विपर्यय लाया गया है। वक्त के बदलाव में दहशत का जुड़ाव भी हो गया है :

दहशत पक्षियों के पंखों पर
बच्चों की आँखें
माँओं के दूध तक में दहशत
समय की हड्डियों में
दिन डूबने और सुबह होने की
खुशियों का खून जम गया है
और इसे भी पूजा कहा जा रहा है
यह युद्ध से भी बदतर युद्ध है।
और करोड़ों आँखें इस सब को
सिर्फ खबरों की तरह पढ़ने को अभिशप्त हैं।

दहशत को प्रस्तुत करके कवि ने पुनः स्थितियों की सरलता की ओर इशारा किया है। दहशत-भरी घटनाएँ आज खबरों के रूप में तब्दील होती हैं। विडंबना यही है कि उन्हें सिर्फ खबरों की तरह पढ़ने की अभिशप्तता नियमित कार्यक्रमों के तहत ही पहचानी जाती है।

आलोकधन्वा की कविता 'बूनो की बेटियाँ' ('यह ऐसा समय है'—सं. असद जैदी, विष्णु नागर) समकालीन कविता की तलाशती प्रवृत्ति को व्यंजित करनेवाली कविता है। समकालीन कविता निरन्तर मनुष्य को तलाशती है। बूनो की बेटियों के माध्यम से आलोकधन्वा एक सामाजिक अवस्था की तलाश कर रहे हैं। उनकी तलाश एकायामी नहीं है। रोज़मर्रा के जीवन के अनगिनत पहुलओं के साथ मेहनत में ही जीवन के अर्थ ढूँढ़नेवालों की मार्मिक स्थिति कविता के केन्द्र में है। हाशिये के जीवन को बार-बार दरकिनार करने तथा उसे हमेशा के लिए मिटाने की दृष्टि में निहित अमानवीय व्यवहार को कविता के केन्द्र में पहचाना गया है। यह कविता जनचरित्री ही नहीं बल्कि शतशः जनोन्मुखी है :

उनकी हत्या की गई
उन्होंने आत्महत्या नहीं की
इस बात का महत्त्व और उत्सव
कभी धूमिल नहीं होगा कविता में।

पर ऐसा क्यों हुआ ? जो सिर्फ अपने ढंग से काम करती रहती हैं पसीना बहाती हैं। यह श्रम क्या शारीरिक इच्छापूर्ति के हेतु हो रहा है ? शरीर से बढ़कर उसका महत्त्व नहीं है ? इस धरातल पर आलोकधन्वा की कविता विस्तार पाती है जहाँ प्रश्न है कि परिवार का पेट पालने के लिए ही उनका जीवन है क्या ?

वे इतनी सुबह काम पर आती थीं
उनके आँचल भीग जाते थे ओस से
और तुरन्त डूबे चाँद से
वे इतनी सुबह आती थीं
वे कहाँ आती थीं ? वे कहाँ आती थीं ?

कवि का सवाल अर्थवान है कि तुम इस श्रम को किस प्रकार देखते हो। भारतीय समुद्र में तो तेल का कुआँ खोदा जा रहा है। क्या वह मेरी-तुम्हारी ज़िन्दगी से बाहर है ? क्या वह सिर्फ सरकारी काम है ? यही सवाल कविता को गहराता है। उनके (बूनो की बेटियों के) श्रम को किस दृष्टि से देखते हो ? इन सभी सवालों के होते हुए भी उनकी अवस्था का निपट नंगापन हमारे सामने प्रस्तुत होता है :

वह क्या था उनके होने में
जिसके चलते उन्हें जिन्दा जलाया गया ?

बीसवीं सदी के आखिरी वर्षों में
एक ऐसे देश के सामने
जहाँ संसद लगती है।
वह क्या था उनके होने में
सिर्फ खरीदा नहीं जा सका
जिसका इस्तेमाल किया नहीं जा सका
जिसे सिर्फ आग से जलाना पड़ा
वह भी आधी रात कायरों की तरह
बन्दूकों के घेरे में।

यह 'एक साधारण-सी बात का विशाल प्रचार' मात्र है। उस प्रकार के शब्दों में ज़ोर अधिक दिया गया है कि जलाने पर भी उसे नष्ट क्यों नहीं किया जा सकता। आलोकधन्वा इन्हीं साधारण बातों से कविता रच लेते हैं अतः जनचरित्री कविता की पूरी क्षमता को बरतते हुए उनकी कविता अग्रसर होती है।

औसत जीवन की स्थितियों में ऐसा कोई अन्तर नहीं आया है जिसे हम समाज के बहिरंग स्तर पर दिखाई पड़नेवाले बदलाव के साथ जोड़ सकें। सामान्य जीवन की मुश्किलों के बीच फँसा हुआ आदमी कोई संकल्पना नहीं है। वह इतना सच है कि जितना हमारा या और किसी का। उसको अनदेखा करके न कविता लिखी जा सकती है और न किसी प्रकार का कलात्मक प्रकार्य। जीवन की कठिनाइयों का ब्यौरा देना समकालीन कविता का मकसद नहीं है। लेकिन साधारण अनुभव के साधारणत्व से गम्भीर रूप में उसमें निहित असाधारणत्व की ओर ले चलना उसका लक्ष्य है। इसलिए कोई भी कविता आत्मदया की मुद्रा में अभिव्यक्त नहीं होती है। समकालीन कविता जीवन की सहयात्री के समान, इन रचे-बसे जीवन की दहलीजों, कमरों और छतों पर बनी रहती है जिस प्रकार पूरी तरह से हमारा जीवन उन कुछ सामान्य वस्तुओं पर टिका हुआ है। धूमिल की 'घर में वापसी' शीर्षक कविता में (सुदामा पांडे का प्रजातन्त्र) एक पारिवारिक स्थिति का ऐसा चित्र प्रस्तुत किया है जिसमें सब कुछ अपने-अपने क्रम में, अपने-अपने ढंग से, अपने-अपने गवाह की ओर अग्रसर है जिससे परिवार के उस चित्र की मुद्रा में से जड़ अवस्था का बोध होता है। पर अपनी जड़ता के बावजूद वह इतना गत्यात्मक है कि उसमें धूमिल अपनी दारुणता का चित्र-विन्यास करते प्रतीत होते हैं :

मेरे घर में पाँच जोड़ी आँखें हैं
माँ की आँखें पड़ाव से पहले ही
तीर्थयात्रा के बस के
दो पंचर पहिए हैं।
पिता की आँखें

लोहसाँप की ठंडी सलाखें हैं
बेटी की आँखें मन्दिर में दीवट पर
जलते घी के
दो दिए हैं।

आत्मदया से एक अलग सन्दर्भ में विन्यसित इस परिवार-चित्र में जीवन की सामान्य उन्मुखताओं के संकेत ही दिए गए हैं। परन्तु उनकी अपनी उन्मुखताएँ भी किन्हीं कारणों से आबद्ध हैं। उसके आगे की राह सम्भवतः उन सदस्यों के पास नहीं है। वे पंचर पहियों और ठंडी सलाखों और मन्दिर के दीवट पर जलते घी के दिए के समान अपनी चाक्रिकता में ही बने रहते हैं। धूमिल उस ऊब को चित्रित नहीं कर रहे हैं। वस्तुत वे उसकी अकिंचनता पर और उसकी लघुता पर ज़ोर दे रहे हैं। लघुता में सिमटने की अभिशप्तता को भी उन्होंने व्यक्त किया है।

धूमिल की कविता की तरह जीवन की लघुता का एक अलग चित्र विन्यास इब्बार रब्बी की कविता 'दहलीज़' (साक्षात्कार—जनवरी-फरवरी, 85) में प्राप्त होता है। इसमें दहलीज़ पर खड़े रहने की अभिशप्तता है। खुला हुआ दरवाजा महज अनुभव है। अनुभव का तीखापन हमें यह बता रहा है कि दरवाज़ा खुला नहीं है। अगर खुला भी हो तो उसके अन्दर तक जाया नहीं जा सकता। दहलीज़ औसत जीवन की लघुता की वह परिधि है जिसे लाँघने की कोशिश के बावजूद पार नहीं किया जा सकता है। इब्बार रब्बी ने अपनी कविता तें अस्पृश्यता के पहलू को लिया है। प्रेमचन्द की कहानी का रचनाकाल (ठाकुर का कुआँ) और रब्बी की कविता के रचनाकाल में कम-से-कम पचास से अधिक वर्ष का फासला है। आधी शती बीतने के उपरान्त अगर जीवन की लघुता की यही स्थिति है तो स्पष्ट है कि यह कविता निरी अस्पृश्यता की नहीं है। यह सही है कि रब्बी ने उसे अपने आत्मसुख के रूप में प्रस्तुत किया है :

अन्दर हो रही है आरती
बज रहे हैं घड़ियाल
शंख फूँक रहे हैं
बँट रहा है प्रसाद चरणामृत
मेरे लिए नहीं है ये पवित्र कर्म
आत्मनिर्तासिन है मेरा राग
दायरे के बाहर है मेरा पाँव
मुझसे पार नहीं हुई दहलीज़
पाँवों में नहीं था खून
उँगलियों में नहीं है चाल
नसों में नहीं थी आग

दहलीज सिर्फ देहली
पार नहीं हुई मुझसे
गाँव में होता तो
झोंपड़े के साथ जला देते सवर्ण
यहाँ बाहर बना रहा
सदियों तक खड़ा रहा।

शहर और गाँव का अन्तर संकेतित कर भी, कविता की अन्तिम पंक्ति दृश्यों का अन्तर मिटा देती है। यहाँ शतियों का अन्तराल मिट जाता है। एक पुरानी शती हमारे जीवन में व्यापने लगती है जहाँ मनुष्य का शोषण तन्त्र इतना प्रखर है कि अशक्त वर्ग का खून थम गया है।

मलयज की एक छोटी-सी कविता 'सड़क' (अपने को अप्रकाशित करता हुआ) को औसत जीवन के दुख की गहराई के रूप में देखा गया है जिसे कविता पूरी तरह से शायद ही व्यक्त कर पा रही है। मलयज का यह मतलब नहीं है कि कविता बिल्कुल ही अशक्त है। यह भी नहीं है कि कविता प्रतिक्रियान्वित नहीं हो सकती। उनका आशय स्पष्ट है। कविता में गद्य की पगडंडी फूटती है जो ऐसे जीवन को संकेतित करनेवाली है। पर कवि दुख की तुलना सड़क से कर रहे हैं, याने दुख एकबारगी प्रकट होनेवाली पगडंडी नहीं है :

कविता के बीच में से कहीं एकबारगी गद्य की
पगडंडी फूट पड़ती है
बगल में सटाए हुए अपने दुख को
मैं सड़क महसूस करने लगता हूँ।

यद्यपि इस कविता में जीवन की लघुता सटीकता के साथ व्यंजित नहीं है, फिर भी दुख का संकेत और उसे महसूस करने की रीति से जीवन की सामान्यता का बोध होता है। एक पूर्ववर्ती कविता में मलयज ने सड़क को इसी प्रकार मूर्त किया है। 'जख्म पर धूल' संकलन की 'दुखांत' शीर्षक कविता में यह बात देखी जा सकती है :

जीवन की दुपहरी में
छायाहीन सड़क पर चलते-चलते
एकाएक एक अनुभूति हुई
याद नहीं मौसम गर्मी का था या सरदी का या वर्षा का
पर सड़क मुझे वहीं का वहीं छोड़
आगे मोड़ पर लेती मोड़
पेड़ों के झुरमुट में खो गई।

इस कारण से ही शमशेर ने मलयज की कविता के बारे में लिखा कि किसी प्रकार की उत्तेजना के, सफाई के साथ मलयज अपनी कविता का निर्माण करते हैं (उपरोक्त संकलन का परिचयात्मक वक्तव्य)। घरेलूपन के अभाव में भी मलयज की कविता जीवनचरित्री है।

प्रयाग शुक्ल की कविताओं में दो बिम्ब सर्वत्र जीवन्त होते प्रतीत होते हैं : घरेलूपन और नगर के एहसास के। घरेलू वातावरण में उनका कवि सामान्य हो जाता है। जीवन की यह सामान्यता उनकी कविता में जनचरित्री बिम्ब के रूप में विकास पाती है। सम्भवतः घरेलूपन की सामान्यता प्रयाग शुक्ल की कविता में जीवन को गति देनेवाली दृष्टि भी हो जाती है। उनकी एक कविता है 'युवती माँ' जो 'कविता-सम्भव' संकलन की है जिसमें माँ से जुड़ा एक भाव पूरे जीवन को गति देने लगता है :

युवती माँ
भर लेती है गोद में
खेलकर थके हुए लड़के को
दुपहर, धूप और धूल की
तपन
बन जाती है सुखद नींद
एक निराश करते हुए अँधेरे में
अधसोया और अधजागा मैं
उसकी याद करता हूँ।

हताशा की अर्द्धसुषुप्त अवस्था से सुखद शाम में परिवर्तित होने में युवती माँ का बिम्ब कार्यरत है। यहाँ माँ असुरक्षित अवस्था में सहारा बन जाती है और हताशा सुख में परिणत होती है। 'युद्ध' शीर्षक कविता में प्रयाग शुक्ल घरेलू वस्तुओं में अपनी जीवनचरित्री दृष्टि आरोपित करते हैं। निरीह और निर्दोष वस्तुओं में कवि अपनी पूरी आशंका का विस्तार अनुभव करते हैं। यह अनुभव-विस्तार सामान्यता के बीचों-बीच है, पर दरअसल यही सही जीवन-स्थिति है। समकालीन कविता अपनी जनचरित्री दिशा को यों अंकित नहीं करती है, वह सही जीवन-स्थितियों में उसे आँकती है :

बहुत दूर होते हुए
युद्ध में
मेरा घर बचा है।
किताबें, घड़ी, चप्पलें
बर्तन अपनी-अपनी जगह हैं।

....

आ जाती
आवाज़ बम वर्षों की
अरे, वहाँ कोई घर
भहराया
वह भी किसी आदमी का
था। उसमें भी रहते
थे बच्चे।

कविता की नयी पहचान एक समकालीन दृष्टि है। यहाँ पर, चप्पल, बर्तन इत्यादि से जुड़ा एक बच्चा बिम्बवत् होता है जो घरेलू वस्तुओं के बीच की एक निरी वस्तु नहीं है। पर बच्चे के साथ वस्तुएँ भी जीवन्त हो जाती हैं। यही जीवन्तता जीवनाकांक्षा के रूप में अपनी सामान्यता के बावजूद, जीवन मात्र को गति देती है। यहाँ धूमिल की पंक्ति—'कविता कटघरे में खड़े बेकसूर आदमी का हलफनामा है'—चरितार्थ होती है।

वस्तुओं की सामान्यता का निरन्तर उल्लेख कविता के 'स्पेस' को विशिष्टता देता है। यही जीवन का सही 'स्पेस' है और कविता को इसी से सब कुछ ग्रहण करना पड़ता है और इसी पर कविता पुनः सृजित होती है। 'स्पेस' का यह दुहरा उपयोग कविता के अन्तर्जगत को भाषायी सीमाओं से उभारता है। हिन्दी कविता का समकालीन दौर अपने इस जनचरित्री स्वभाव को सुरक्षित रखता है। राजेन्द्र घोड़पकर की एक कविता 'अन्तिम कविता' शीर्षक से है ('दो बारिशों के बीच' कविता-संकलन)। इस कविता में जिस 'स्पेस' को कवि ने प्रस्तुत किया है वह अपने संसर्ग के कारण प्रमुख अनुभव में प्रस्तुत हुआ है :

आजकल कुछ भी असम्भव नहीं दुनिया में
ऐसा मुझे तब लगा जब मैं अपने बचपन की
एक सड़क पर पहुँचा एक ढेला
जो बचपन में फेंका था या वही हवा
में टँगा था
वह एक पत्थर सड़क किनारे वैसे ही पड़ा था
जिससे ठोकर खाकर मेरे घुटने छिले थे
पर तभी मैंने देखे धूल; फूल जिन्हें खिलना था
कल परसों या एक साल बाद
फूल बोले हमें नहीं खिलना है, हम रहेंगे
बादल में, मिट्टी में, जहाँ हम हैं वहीं ठीक हैं
हमें नहीं खिलना इस दुनिया में।

इस कविता में 'स्पेस' का दुहरा उपयोग हुआ है। बचपन की फेंकी गई वस्तुओं और हवा का सन्दर्भ पहला है और लिखने की प्रक्रिया से अलग खड़े फूल का सन्दर्भ दूसरा है। लेकिन हैं दोनों निपट साधारण। पर कविता एक गहन अनुभव को सामान्य अनुभवों के बहाने व्यक्त कर रही है।

बद्रीनारायण की कविताओं का परिचयात्मक वक्तव्य प्रस्तुत करते समय असद जैदी ने लिखा है (सच सुने कई दिन हुए) बद्रीनारायण जिस 'लोक' का बयान करते हैं उसमें विभिन्न चीज़ों और मनोभावों के अपने वजन, आयतन, अनुपात और सापेक्ष स्थिति का ख्याल रखते हैं। पर किसी चीज़ को 'लार्जर दैन लाइफ' साइज़ में पेश करने के विशेषाधिकार का ज्यादा इस्तेमाल नहीं करते। यह कथन बद्रीनारायण की कविता के 'स्केल' को व्यक्त करने में सक्षम है। यह समकालीन कविता का जनचरित्री माप है। इसके बहाने आज के जीवन के अन्तरंग तथा बहिरंग को अनुभव किया जा सकता है। उनकी एक कविता का शीर्षक है 'सपने की बात'। कविता सपने के माध्यम से मानवीय इच्छा की ऊष्मा को व्यक्त कर रही है :

कल कोई जुठा गया
मेरे सपनों का अनार
यश, प्रेत, मानुष, साँप, बिच्छू
मैं मूरख सोता ही रहा
मुट्ठी में बन्द कर अनार
अब पत्नी से छुपाऊँगा
बेटे से झूठ बोलूँगा
पवित्र कामों के लिए सँजोकर रखे हैं अनार
एक दिन चुपके से
बाबा से कह सचाई
मन का बोझ
उतार डालूँगा
कहेंगे बाबा
ज़रूर कोई कसर है तुम्हारे सपने देखने में
तभी तो जुठा गया कोई
तेरे सपने का अनार।

सपने का अनार, जिसे जुठा दिए जाने का दुख उस प्रकार व्यक्त नहीं किया गया है जिस प्रकार प्रायः कहा जाता है। ऐसी क्या वजह है कि अनार जुठा गया है। बाबा के कथन में अनार के जुठा जाने के पीछे कोई कसर है। सपने यहाँ से अलग धरातल का अन्वेषण करते हैं। सपना यथार्थ में तब्दील हो जाता है। फिर भी

यथार्थ का सन्निवेश अगर सही नहीं है, उसकी स्वीकृति अगर अटपटी है तो फिर सपने की आधारशिला में बेवजह दरारें निकलने लगती हैं। अतः उस दुख को, उसके संशोधन को कवि ने मानवीय आधार और मानवीय उत्कंठा के तहत ही देखा है, उसमें अनियन्त्रित उत्कंठा नहीं है। इसलिए अनार का मानवीय आधार अधिक प्रासंगिक इसलिए है कि उसमें बालसुलभ इच्छा से प्रौढ़ अनुभव तक का विस्तार है।

उदय प्रकाश की कविताएँ हमारे सहज जीवन की कविताएँ हैं। 'अबूतर कबूतर' में उनकी ऐसी कई कविताएँ संकलित हैं जिनमें जीवन के अनेक छोटे-बड़े प्रसंग कविता के अन्दर आ जाते हैं। उनसे बननेवाला परिदृश्य बड़ा होने लगता है जैसे उनकी 'टेपचू' कहानी में होता है। टेपचू का विकास एकरैखिक नहीं है। 'एक था अबूतर एक था कबूतर' सामान्य प्रसंगों से सृजित कविता है। अपने मालिक के वे पक्के दलाल के समान हैं जिनके नाम हैं क्रमशः अबूतर और कबूतर। साधारण ढंग से उनकी खास विशेषताओं पर प्रकाश डालकर कविता को विकसित किया गया है और विकास के दौरान कविता जीवन के भीषण सन्दर्भों से जुड़ जाती है :

अबूतर-कबूतर के पीछे भेड़िया पलटन थी
लोमड़ जमात थी, सत्ता थी
पूरी कटखनी सल्तनत थी
जब फटी कमीज़, बिखरे बाल, खाली पेट
और बेचैन दिमाग का दिखता कोई आदमी
तो अबूतर चिल्लाता—'मनहूस'
कबूतर कहता—
'दुश्मन का जासूस'
मालिक खुश होता, दोनों खिलखिलाते
वह गाता, दोनों सुर मिलाते
वह उदास दिखता, दोनों अपना कलेजा पकड़कर रोते।

कविता का समापन ऐसे ही प्रसंगों का उपयोग करके किया गया है। उक्त कविता कहानी के लहजे में संरचित है। अबूतर और कबूतर के कुछ दिनों के बाद दाँत घिस गए, गला बैठ गया और नाखून झरने लगे। भेड़िए ने अपने पके बालों को उखाड़ फेंका और साथ ही इन दोनों को भी। दोनों को भीड़ ने गेंद की तरह उछाला, कपड़े की तरह पछींटा और मिट्टी की तरह रौंद डाला। इस तरह दोनों का अन्त हुआ। जिस तरह एक कहानी समाप्त होती है उसी तरह यह कविता अपने साधारण कथा-प्रसंगों के सहारे समाप्त होती है। समकालीन कविता का यह आभ्यन्तर विस्तार इतना सहज है कि वह कविता खोजता नहीं बल्कि कविता हर कहीं दर्ज करता है। 'सुनो कारीगर' कविता-संकलन में सुअर शीर्षक से छः कविताएँ हैं जो अपने

समय पर तीखी टिप्पणी करती हैं—'किसी' भी सुअर के बच्चे/शुरू में/सुअर नहीं होते।

'आग' शीर्षक अपनी कविता में विश्वनाथ प्रसाद तिवारी (समकालीन भारतीय साहित्य—जुलाई-सितम्बर, 1990) घरेलू स्थितियों का भरपूर प्रयोग करके समकालीन कविता की जनचरित्री निजता को व्यक्त करते हैं। कविता में आग का प्रसंग सहज ढंग से आया है और उसे असाधारण ढंग से प्रस्तुत किया गया है :

रात को जब कभी सो जाते
माँ आग को ऐसे ढककर छिपाती
एक कोने में
जैसे कोई रतन हो अमोल
जैसे कोई शिशु हो मुलायम
जैसे कोई दुल्हन हो लाल-लाल।

रात के अँधेरे में जब बच्चे डरने लगते हैं तो माँ उनहें सांत्वना देती है। बच्चों से पुनः कविता माँ और आग के सम्बन्ध पर आकर टिकती है। इसलिए कवि का कथन है—उस अँधेरे के जंग में—माँ के लिए कवच कुंडल थी आग। पूरी कविता ऊष्मा से युक्त पारिवारिक वातावरण में लिपटकर, माँ की गोदी की सुरक्षा से वलयित होकर प्रस्तुत होती है। अतः भावुकता के संस्पर्श-सा एहसास भले ही वह दे फिर भी आग का संकेत कविता में उद्भाषित भावुकता को दूर कर लेता है और उसे समकालीन परिवेश में आँकने के लिए पाठकीय दृष्टि को बाध्य करता है। कविता में माँ की सांत्वना मानवीय संसक्ति के जनचरित्री आधार को व्यंजित करती है। अपने आँचल में आग को छिपानेवाली माँ का चित्र समकालीन स्थिति को गहराता है :

माँ हमें ढाढस देती—
घर में आग है
तो कोई नहीं आ सकता भूत-प्रेत।

वीरेन डंगवाल की कविता 'बच्चा और गौरैया' (इसी दुनिया में) विश्वनाथ प्रसाद तिवारी की उपरिवत् चर्चित कविता की तुलना में प्रेम और वात्सल्य से छनकर स्वतन्त्रता को आरेखित करती है। कमरे के भीतर बदहवास-सा होकर शीशे से टकरानेवाली गौरैया से कवि का अनुरोध है कि वह सन्देह न करे। कुछ क्षण के लिए कमरे की घुटन से बेखबर कवि-मन अपने नन्हें शिशु के साथ गौरैया को भी आत्मसात् करता है। उसके नन्हेपन में कवि शिशु सहज रूप देखता है। पर लगातार टकराते देख कवि-मन में यह बोध जाग्रत् होता है कि कमरे की घुटन और शिशु के सहज बोध में अन्तर है। पक्षी शावक की स्वतन्त्रता को पहचानने

के उपरान्त उसे खुले आकाश की ओर उड़ चले जाने के अनुरोध में प्रीति का विस्तार दिखाई पड़ता है :

इस तरह बदहवास
मत टकराओ गौरैया
खिड़की के काँच से, शीशे से,
तुम्हारी चोंच टूट जाएगी और नाखून उलट जाएँगे
मेरे बच्चे की किलकारियों से मत डरो
वे तुम्हारे प्रति उसके उल्लास की उत्तेजना से निकली हैं
तुम्हारा धनिये के बीज जितना हृदय पटपटाता होगा
और नन्हीं-सी जीभ खुश्क होती होगी
मुझ पर सन्देह मत करो गौरैया
लो मैं खिड़की खोल देता हूँ
जाओ बाहर उड़ जाओ
धूप में अपने बदन को फुलाओ
और मटमैली ऊन का गुच्छा बनाओ।

इस कविता में भी वात्सल्य से भीगा मनोभाव, कविता को एक भावुक स्तर प्रदान करता है। लेकिन उसे उड़ने की स्वतन्त्रता देते ही, उसकी वास्तविकता की पहचान के साथ ही वह भावुक स्तर मिट जाता है और उससे कही गई बात समकालीन कविता के जनचरित्री स्वभाव के अनुकूल ही है—बदन को फुलाते हुए मटमैली ऊन के गुच्छे के समान बना लेने का अनुरोध मात्र नहीं। स्वतन्त्रता की पूरी विस्तृति उसमें समाई हुई है।

असद जैदी की कविता घरेलूपन से निकलकर बाहरी माहौल में स्थितियाँ भाँपती नज़र आती है। महानगरीय वातावरण में आकृष्ट होकर नहीं, बल्कि गलीकूचों में जीवन के मरुस्थलीय विस्तार में से वे अपने लिए सामान्य प्रसंग ढूँढ़ लाते हैं। सन्दर्भ अपने साधारणत्व में सामान्य प्रतीत हो सकते हैं; पर असद जैदी की कलम से निकलकर वे जनोन्मुखता की अच्छी-खासी तस्वीर हो जाते हैं। उनकी 'बंगाली मार्केट' शीर्षक कविता (कविता का जीवन) अपनी सरल संरचना के बावजूद सामाजिक अन्तर्विरोध को व्यंजित करती है। यह कविता जनोन्मुखता को गति देनेवाली है :

भरोसा रखिए हम यहाँ
सिर्फ रसगुल्ले खाने और थोड़ा
शोर मचाने आए हैं
एक खाली कारतूस ने
नहीं ली है आज तक

किसी पहलवान की जान
न ढूँढ़िए कवियों की इस टोली में
गैर भरोसेमन्द कुछ जबानों में खतरनाक
सामाजिकता का कोई सबूत।

इसलिए कवि निष्क्रियता की प्रशंसा करता है। भले ही कविता का रुख यहाँ विद्रूपता से ओतप्रोत है फिर भी जीवन की मिट्टी से वे कविता का जीवन रचते हैं। इसलिए जनचरित्री विन्यास का संरचनात्मक स्तर कविता में उभरा है जहाँ से कविता विकास पाती है। कविता अपने बहुआयामी रचना-स्तर को व्यक्त करती है। सरलीकरण के उपनिवेशवादी अन्दाज़ का पक्ष इसमें मुखर है।

उनकी 'हिन्दी पत्रकारिता' शीर्षक कविता सरलीकरण के उपनिवेशवादी अन्दाज को व्यक्त करती है। यहाँ असद जैदी पुनः विद्रूप मुद्रा आत्मसात् करते हैं। कविता की सरल मुद्राएँ उपभोगवादी संस्कृति की विकरालता हैं जिन्हें व्यक्त करने का असद जैदी का ढंग अजीब है पर वह हमारे जीवन के सामान्य प्रसंगों का स्पर्श करता है :

मेरी जेब में एक पुड़िया है
इसे आप खरीदेंगे नफ़ा होगा
देखेंगे और अपनी सामर्थ्य पर अचरज करेंगे
किसी बुरे मुसलमान को खिला दें तो
वह अच्छा हिन्दू हो जाएगा
कोई अच्छा सिख खा ले तो
वह सचमुच छूमन्तर हो जाएगा
बेशक इसे आप खा लें तो जल्दी ही आपके एक पोता होगा!

कविता के सरल सन्दर्भ एक साथ कई राजनीतिक विसंगतियों को छूते हैं और पत्रकारिता की अंगभीरता को भी। इसलिए यह कविता जनचरित्री स्वभाव को व्यक्त करने में सफल है।

ऋतुराज की कविता 'अनहद गरजै' (यह ऐसा समय है) इसलिए जनचरित्री है कि यह कविता उद्वेगों, आशंकाओं और उत्कंठाओं के बीच एक सहज स्थिति उद्भाषित करती है। यही कविता की सही स्थिति है :

मेरे घर में मैं मर रहा हूँ
संसद में उन्होंने कहा
अब राष्ट्र में सब कुछ नष्ट हो चुका है
आधारभूत तत्त्व, सिद्धान्त, भाईचारा
आदि आदि

क्या मैं मरने के पहले ही मार दिया जाऊँगा ?
बहुत-सी चीजें, नाचीज़ की तरह ?
क्या जिस तरह मूल्य मरते हैं
उसी तरह आदमी को भी नष्ट किया जाएगा ?

आदमी की आदमियत को नज़रन्दाज़ करनेवाली स्थिति की ओर कविता संकेत देती है फिर भी संसदीय प्रसंग का हवाला देकर उसे इतना सरल कर दिया गया है जहाँ से कविता सृजित होने लगती है। शब्द और सत्य की सातत्यहीनता पर यह कविता अंकुश लगाती है।

गिरिधर राठी की छोटी कविताएँ साधारण प्रसंगों का भरपूर उपयोग करती हैं। कहना बेहतर होगा कि निहायत मामूली प्रसंग। समकालीन कविता की यह जनचरित्री दिशा आज के औसत जीवन से कविता को आरम्भ करने का उपक्रम है। यह पहला पड़ाव है। उसके कई पड़ाव हैं जिन्हें पार कर कविता अपनी असल ज़मीन पर पैर रखती है। प्रथम पड़ाव की मिट्टी से कविता तब बेखबर नहीं है। उनकी '1975' (बाहर भीतर) शीर्षक कविता यों है :

इधर से आई हवा
उधर से एक सपना
हम बीच में टँग गए
दहाड़ते-सिसकते-टट्टी करते।

अन्तिम पंक्तियों की निरालम्ब स्थितियाँ जीवन के प्रथम पड़ाव से सम्बन्धित हैं। उसी प्रकार उनकी दूसरी लघु कविता है 'तस्वीर देखकर' (बाहर भीतर) :

उनके फूलों में
हमारे जन्मदिन छिपे थे
फूल उनके ही हाथों रहे
हमने पढ़े अखबार।

पहली कविता की तुलना में इसमें निरर्थकता है। निरालम्बता और निरर्थकता को सहज स्थितियों में आँककर गिरिधर राठी ने कविता के समकालीन परिवेश को गहराते हुए पुनः सहज बनाए रखने का प्रयास किया है।

मंगलेश डबराल ने राठी के 'उनींदे की लोरी' संकलन के परिचयात्मक वक्तव्य में लिखा—"गिरधर राठी अपनी शिष्य सजगता के बावजूद कविता से अधिक जीवन के पक्षधर हैं"। इस संकलन की 'बलात्कार' शीर्षक कविता अपने सहज-सरल रूप के साथ उसी पक्षधरता को व्यक्त करती है :

मुझे याद हैं उन सबके पते जो

मेरे यहाँ आए थे। पर उनमें से एक भी अपने पते पर
नहीं मिलेगा। वे सब बहुत अच्छे वकील हैं।
वे फिसलने और खिसकने में माहिर हैं।

मंगलेश डबराल की कविता आसपड़ोस को पर्याप्त मात्रा में अभिव्यक्त करती है। जीवन के प्रति जो ललक है उसने उनकी कविता को संप्रेष्य बनाया है और अनुभवों ने उसे सहजता दी है। उत्तरोत्तर सहजता की ओर बढ़ती उनकी कविता जनचरित्री गन्ध से युक्त है। उनके प्रथम कविता-संकलन 'पहाड़ पर लालटेन' की एक कविता अनुभवों की तीव्रता को सहज प्रसंगों के ज़रिए व्यक्त करती है जिसका शीर्षक है 'सबसे अच्छी तारीख'। कैलेंडर की सहजता से उदभूत कविता अनुभव से तप्त होने के उपरान्त जनोन्मुखी हो जाती है :

सबसे अच्छी तारीख है वह
जिस पर टँगे रहते हैं घर-भर के
धुले कपड़े जिसमें फैली होती है
भोजन की गर्म खुशबू जिससे फल पकते हैं
जिसमें रखी होती हैं चिट्ठियाँ और यात्राएँ
सबसे अच्छी तारीख है वह
जिसमें बर्फ गिरती है और आग जलती है
सबसे अच्छी तारीख है वह
जो खाली रहती है
जिसे हम काम से भरते हैं
वह तारीख जो बाहर रहती है कैलेंडर से।

'हम जो देखते हैं' संकलन की गद्यात्मक कविता है 'बचपन की कविता' जो एकदम हमारे नज़दीक घटित होती प्रतीत होती है। मंगलेश डबराल इस कविता में जीवन को ही भर रहे हैं तो स्वतः यह कविता जनांकित कविता हो जाती है। अपने पारदर्शी स्वभाव के कारण इसमें जनोन्मुखता के कई स्तर हैं :

जैसे-जैसे हम बड़े होते हैं लगता है हम बचपन के बहुत करीब हैं हम अपने बचपन का अनुकरण करते हैं। ज़रा देर में तुनकते हैं और ज़रा देर में खुश हो उठते हैं। खिलौने की दूकान के सामने देर तक खड़े रहते हैं। जहाँ-जहाँ ताले लगे हैं हमारी उत्सुक आँखें जानना चाहती हैं कि यहाँ क्या होगा। सुबह हम आश्चर्य से देखते हैं जैसे पहली बार देख रहे हों।

प्रस्तुत गद्यात्मक रचना में बचपन के अनेक उदाहरण दिए हुए हैं। पर वाचन के अवसर पर बचपन की हरकतें और उनकी सहजताएँ गड्ड-जड्ड हो जाती हैं। फिर

भी पूरी तरह से विलीन भी नहीं होती हैं। विलीन न होने की बात उसके वाचन को पुनः गहराती है। 'हम जो देखते हैं' कविता-संकलन में घर-द्वार के चित्रों के साथ, आज के समय का अमानुषीकरण भी व्यक्त हुआ है। इस शहर में दिखाई देते हैं विचित्र लोग (दिल्ली)।

विष्णु खरे क़ी कविताओं में जो जनचरित्री सन्दर्भ हैं वे उनकी उस पहचान से युक्त हो जाते हैं और परिवेश के अन्तर्विरोध को दर्शाते हैं। उनमें जीवन-स्थितियों का ब्यौरेवार अंकन नहीं, बल्कि नंगापन नज़र आता है जिसे विष्णु खरे ने सहजता की ओट में थोड़ा-सा आवृत रखा है। 'सब की आवाज़ के पर्दे में' नामक उनके संकलन की एक कविता है 'एक कम' जो अनी सहजता के बावजूद तल्ख एहसास देती है :

1947 के बाद से
इतने लोगों को इतने तरीकों से
आत्मनिर्भर मालामाल और गतिशील होते देखा है
कि अब जब आगे हाथ फैलाता है
पच्चीस पैसे एक चाय या दो रोटी के लिए
तो जान लेता हूँ
मेरे सामने एक ईमानदार आदमी औरत या बच्चा खड़ा है।

प्रस्तुत कविता में नंगेपन को इस कदर अनावृत किया गया है कि कुछ बचा ही नहीं। अनावरण की हद तक आई यह कविता सहजता सहेजती हुई दीख रही है। महज खुलापन इसकी विशेषता है। एक आदमी से निश्चित होने की तसल्ली सहज अवश्य है। पर कविता के वाचन के अवसर पर वह गायब हो जाती है और एक पीड़ादायक करुणा जागती है।

समकालीन कविता का जनचरित्री आयाम उसकी आन्तरिक सृजनशीलता का प्रमाण है। बीजों में तड़प के समान यह जीवन के हर अनुभव में बना हुआ है। कवि की कोशिश यह है कि इस तड़प को आत्मसात् करे और अपने शब्दों और अन्य सामान्य विन्यास-रीतियों के माध्यम से संगुंफित करे। समकालीन कविता का विन्यास सरल सन्दर्भों की खोज नहीं करता है। सरल या साधारण जीवन के विन्यास से कविता जुड़ी है। इस कारण से संश्लिष्टता विन्यास में नहीं है, वह अक्षरों या शब्दों के बीच में झलकती है। संश्लिष्टता समकालीन कविता की आरोपित स्थिति नहीं है, अन्तर्निहित अवस्था है। इसी क्रम में कविता समकालीन होती है और जनचरित्री भी।

समकालीन कविता–कविता प्रतिपक्षधर्मी है

हालात और कविता के सम्बन्ध में कुछ कवियों की प्रतिक्रियाएँ यों हैं–'पहल' के कविता विशेषांक में कुमारेन्द्र पारसनाथ ने एक पत्र-प्रतिक्रिया के रूप में लिखा–"जहाँ अपनी ज़मीन पर खड़े होकर अपने आसमान को देखने की आजादी न हो, जहाँ अपनी ही छाँह के नीचे अपनी इज्जत तक सुरक्षित न हो, जहाँ तक कि न्यायपूर्ण लड़ाई में लगे अस्सी प्रतिशत को मुश्किल से पाँच प्रतिशत के अर्थ-तन्त्र के कुचक्र के सामने शिकस्त खानी पड़ रही हो, वहाँ लोकतन्त्र और उसकी मर्यादा के अन्दर पल रहे संसदवाद का अर्थ क्या रह जाता है ?" धूमिल की कविता है : क्या आज़ादी सिर्फ़ तीन थके हुए रंगों का नाम है ?

'वर्तमान साहित्य' के कविता विशेषांक की राजेश जोशी की सम्पादकीय टिप्पणी इस प्रकार शुरू होती है–"कविता के लिए यह समय तनाव, गहरी निराशा, असमंजस और एक तरह की खीज से भरा है। चारों ओर घट रही घटनाओं ने हमारे बहुत सारे सपनों और विश्वासों को आहत किया है। लिखा जा रहा है लेकिन एक गहरे असन्तोष और अपने समय की उस भयावह जिम्मेदारी को पूरी तरह न निभा पाने की तकलीफ के साथ जो जनता की महान आत्माओं की इच्छाओं को आकार देती है।" निराला, नागार्जुन से लेकर समकालीन कविता तक सामयिक राजनीति ने कवियों को उद्वेलित किया है। गद्य में हरिशंकर परसाई में इसे देखा जा सकता है।

असज जैदी और विष्णु नागर के संपादकत्व में प्रकाशित हमारे समय की लोकतान्त्रिक और धर्मनिरपेक्ष परम्परा को समर्पित समकालीन हिन्दी कविता का 'यह ऐसा समय है' शीर्षक कविता-चयन की प्रस्तावना में सम्पादकों का वक्तव्य यों आरम्भ होता है–"कुछ विदेशी और भारतीय भाषाओं के विपरीत हिन्दी की समकालीन कविता बुनियादी रूप से अपने समय और समाज से प्रतिकृत करती आई है। यह उसका निजी स्वभाव है। वह बहुत देर और दूर तक इतिहास में खोकर नहीं रह सकती। अतीत में थमकर उसकी स्तुति करना उसकी प्रकृति में नहीं है।"

उपरोक्त प्रतिक्रियाएँ अलग-अलग सन्दर्भों में व्यक्त हुई हैं। लेकिन यह तो

स्पष्ट है कि इनमें एक विशेष समान्तरता है। कविता की प्रबुद्ध दृष्टि पर वे ज़्यादा ज़ोर देती दिखाई देती हैं। कविता के कर्मबोध पर उनकी निष्ठा है। समकालीन कविता को निर्दिष्ट करने में इस आस्था का महत्त्वपूर्ण स्थान है। जब हम यह कहते हैं कि समकालीन कविता आस्थावादी है तो उसका आशय कदापि यह नहीं कि वह मनुष्य-मोह या मानवीय प्रीति को प्रशंसात्मक ढंग से व्यक्त करनेवाली है। यहाँ आस्था का गहरा अर्थ है। हमारे इस समय में दो प्रकार की कविताएँ मुख्य रूप से लिखी जा रही हैं—समय की पहचान को उद्भासित करनेवाली और उसे सरलीकृत करनेवाली कविता। सरलीकरण मात्र कविता का ही नहीं हो रहा है। तमाम क्षेत्रों में इसके अनगिनत चेहरे दिखाई देते हैं। वे इतने परिचित, आकर्षक एवं प्रलोभनकारी हैं जिनसे अलग होना प्रायः कठिन प्रतीत होता है। पर इन आकर्षक चेहरों की परछाईं में अनाकर्षक और अमानवीय चेहरे भी छिपे हैं जो सरलीकरण के तमाम रवैये अपनाते हैं और सच को, सच की पहचान को धूमिल कर देते हैं। अतः कविता अपनी सहजता में जीवन के अन्तरसत्यों को ही प्रस्तुत करती है। जब कवि का अनुभव-संसार विकसित होता है और उसका इतिहास-विवेक बारीक होता है और कविता संश्लिष्टताओं की अभिव्यक्ति हो जाती है। ज्ञानराशियों और तकनीकी के विकास के अनुपात में सामाजिक मानस में जब इस पहचान का आनुपातिक विवेकजन्य विकास अंकित नहीं दीखता तो अन्तर्विरोध का परिदृश्य साफ दिखने लगता है। कवि उसी को देखता है और उसी अन्तर्विरोध को अंकित करता है। यह एक यान्त्रिक उपक्रम नहीं है वरन् कवि-मानस का ऐसा आत्मशोध है जिसके लिए उसे अपने को जीवन के केन्द्र में पहचानना पड़ता है : एक अटूट रिश्ते की तरह/कभी नहीं टूटना चाहती थी ज़मीन/बिक जाने के बाद भी (एकान्त श्रीवास्तव : अन्न हैं मेरे शब्द)।

समकालीन कविता अन्तार्विरोधों को आरेखित करनेवाली कविता है। यही उसकी निष्ठा है, आस्था है। स्वाभाविक प्रश्न है कि वह किसकी पक्षधरता करती है ? समकालीन कविता अगर स्वतन्त्रचेता मनुष्य की पक्षधरता में विश्वास करती है तो वह स्वाधीनता की व्यापक स्थिति पर जोर देती है। कोई भी मनुष्य स्वाधीनता की व्यापक भूमि में अस्वतन्त्र नहीं हो सकता। परनतु विडम्बना यह है कि आज भी अस्वतन्त्रता की कई अयाचित स्थितियाँ हमारे जीवन के विभिन्न कोणों को अपने अधीन कर रही हैं। यह भी एक सच है कि हमारे समाज में अस्पृहणीय संस्कृति का प्रचलन है। इन्हीं अवस्थाओं के मध्य कविता अपनी रचनाशीलता का परिचय दे रही है।

यह एक कठिन समय है। इसमें कविता का क्या स्वभाव होना चाहिए। कविता का क्या रूप हो। कविता की भाषा कैसी होनी चाहिए। कविता-बाह्य विषयों में इसके लिए जवाब ढूँढ़ना मुनासिब नहीं है; क्योंकि कविता में ही ये उत्तर निहित हैं। कविता की जैविकता अगर भली-भाँति उसको विकसित करे तो ये उत्तर उसमें

स्वतः ध्वनित हो जाएँगे। समकालीन कविता की यह सत्ताजन्य जैविकता है। वह इस धरती की कविता है। इसलिए वह उत्तर ढूँढ़ती कविता नहीं है, बल्कि उत्तर से युक्त कविता है। अर्थात् समकालीन हिन्दी कविता सही अर्थ में प्रतिपक्षधर्मी है।

प्रतिपक्षधर्मी दृष्टि समकालीन कविता में आरोपित दृष्टि नहीं है। स्वातन्त्र्योत्तर भारतीय समाज और विश्व समाज के साथ, मानवीय अवस्थाओं से प्रतिकृत होते रहने से उसकी जैविकता के अभिन्न अंग के रूप विकसित यह दृष्टि, वस्तुतः समकालीन कविता की निष्ठा को ही सूचित करती है। अक्षरों और शब्दों के बीच पढ़े जाने की तत्परता, एक अदना-सा आदमी पहचानने की इच्छा आदि में प्रतिकृत होने की उसकी आन्तरिक ललक ही मिलती है। कविता जब सच को प्राप्त करने की दृष्टि से त्वरित हो और परिवेश उसके विपरीत हो तो उसका यह पहला कार्य होता है। प्रतिकृत होने की बात को लेकर भी समकालीन कविता की अपनी दृष्टि है। आवेगयुक्त विस्फोटक प्रतिक्रिया समकालीन कविता की नहीं है, वह जीवनापेक्षी है। तभी तो वह प्रतिपक्षधर्मी हो सकती है।

समकालीन कविता मनुष्यधर्मी है अर्थात् समकालीन कविता प्रतिपक्षधर्मी है। इसलिए मनुष्य को केन्द्र में रखकर समकालीन कविता जब अपनी सहजता में प्रतिकृत होती है तो वह अपना प्रतिपक्षी स्वर ही व्यक्त कर रही है। धूमिल ने जब सत्ता के तन्त्र का पर्दाफाश किया तो उनका उद्देश्य संसदीय सफलता को सूचित करना नहीं है। उनका उद्देश्य मनुष्य-विरोधी रवैये से परिचित कराना रहा है। 'सुदामा पांडे का प्रजातन्त्र' संकलन की उसी शीर्षक एक कविता में वे लिखते हैं :

न कोई प्रजा है
न कोई तन्त्र
यह आदमी के खिलाफ
आदमी का खुलासा
षड्यन्त्र है।

विद्रोही मुद्रा अपनाने की इच्छा से उन्होंने न ऐसी कविताएँ लिखीं और न धूमिल को विद्रोही घोषित करने की इच्छा से कविता की इस विशेष दृष्टि से हमारा परिचय हुआ है। कविता की दृष्टि में हमारी स्वाधीन चेतना है और स्वतन्त्रता की कामना है। यह एक सिद्धान्त या सहज घटना मात्र नहीं है। इस विशाल भूखंड के आम आदमी की निजी स्थिति का विस्तृत परिदृश्य इसको मूल्यवान बनानेवाला पक्ष है। पर जब आदमी की हैसियत नष्ट होती है तो वह जिस संघर्ष से गुजरता है, उसे ही धूमिल ने व्यक्त किया। इसलिए उनके 'मोचीराम' के लिए सब जूते के बराबर दिखने लगे जो अपने जूते की नाप के बाहर नहीं आ पा रहे हैं। पतनशील सामन्तीय संस्कृति ने मनुष्य-विरोधी आचरण से हमारे जीवन में जितनी विकृतियाँ जमा की

हैं, उसके प्रति धूमिल एक आम आदमी की भूमिका में प्रतिकृत हो रहे हैं। आज आदमी के संघर्ष से ओतप्रोत प्रतिक्रिया कविता की हैसियत रखती है। 'अकाल-दर्शन' कविता में उनका प्रश्न है :

भूख कौन उपजाता है :
वह इरादा जो तरह देता है
या वह घृणा जो आँखों पर पट्टी बाँधकर
हमें घास की सट्टी में छोड़ जाती है ?

धूमिल की कविता का राजनीतिक सन्दर्भ स्पष्ट ही है। पर वह समकालीन मोर्चाबन्दी की राजनीति नहीं है। वह ऐसी राजनीति है जो अन्ततः मनुष्य-सापेक्ष है। इसलिए वे अपनी कविताओं के लिए एक दूसरे जनतन्त्र की तलाश कर रहे हैं। विकल्प की खोज उनकी कविता को प्रतिपक्षधर्मी बना देती है।

'जनचेतना से सम्पन्न तथा समाज एवं संस्कृति के विभिन्न मोर्चों पर संघर्षरत' कवि गोरख पांडेय की कविता वास्तव में प्रखर प्रतिपक्षधर्मी है। 'संसद का गीत' (स्वर्ग से बिदा) शीर्षक कविता में उनका स्वर मुखर है :

सावधान ! संसद है बहस चल रही है
भीतर कुछ कुर्सियाँ मँगाओ
बाहर जेलें नयी बनाओ
बाँधो झोंपड़ियों को
महलों की रौनक बचाओ
खलबली मची है जंगल में
आग जल रही है या भूख जल रही है
जनता के नाम सन्देशा है
बिल्कुल आराम से मरो तुम
पर अपने राज को चलाने
के लिए, हमें चुना करो तुम।

गोरख पांडेय का स्वर इस कविता में तीखा है। इसलिए यह सोचना मुनासिब लगता है कि उन्होंने कविता को तीखे स्वरों से संरचित क्यों किया। स्वातन्त्र्योत्तर भारतीय भ्रष्ट राजनीति ने मनुष्य को इतना हताश कर दिया है कि उस पर आघात किए बगैर कोई रह नहीं सकता है। समकालीन कविता के इस तेवर को भ्रष्ट राजनीति से बढ़कर आहत मानवीय आकांक्षा के सन्दर्भ में पहचानना होगा। यद्यपि ऐसी कविताओं में सब कुछ को तहस-नहस करने का भाव व्यंजित है, फिर भी उनमें पूरे जीवन को अपने सामने नष्ट होते देखनेवालों का रुदन महसूस किया जा सकता है। यह तीव्र स्वर आहत जनजीवन का है जिसे गोरख पांडेय जैसे कवि अपने ढंग

से व्यक्त करते हैं। कवि के सन्दर्भ में इसलिए यह और भी तीखा लगता है कि उन्होंने संघर्ष-भरा जीवन जिया था और उसके लिए अपने को समर्पित किया था। उनकी कविता में समकालीन कविता का प्रतिपक्षधर्मी स्वर अधिक धारदार है।

व्यवस्था में निहित अर्थहीनताओं का विरोध लीलाधर जगूड़ी की कविताओं में व्यंजित हुआ है। यह इन कविताओं की मूल मुद्रा है। 'उदासी के खिलाफ' शीर्षक कविता जनता को सम्बोधित एक सख़्त रचना है :

उदास लोगो ! उठो और फैसला दो
उठो और जिसने कल तुम्हें कुचला था
उस घोड़े की नाल बना दो
उसकी मज़बूत हठवादिता को
उसकी मज़बूत दुर्भावनाओं को
सड़क पर मिला दो।

स्पष्ट है कि जगूड़ी की कविताओं का प्रतिपक्षी तेवर सीमित नहीं है। वह इतना व्यापक है कि कविता जिस मात्रा में जीवनापेक्षी होकर अभिव्यक्त होती है उस जीवन को, उसके रोए-रेशे को छूकर चलता है। इसलिए उनकी कविताएँ अन्धकार के विरुद्ध लड़ी जा रही लड़ाई का वस्तुपक्ष हैं।

चन्द्रकान्त देवताले की कविताएँ सत्ता के न्याय के विरुद्ध खड़ी हैं। उनमें मनुष्य की कटघरे में खड़ी स्थिति के विरुद्ध ही नहीं, बल्कि पूरे वातावरण में छाई अस्वतन्त्रता के घेराव को तोड़ने की इच्छा ज़ाहिर की गई है। उनकी एक कविता है 'मुखबिर' (साक्षात्कार—1991) जिसमें देवताले ने हमारे जीवन में व्याप्त असमय अँधेरे की परतों को तोड़ने का कार्य किया है। कवि का संकेत आज जीवन को गहराई से विश्लेषित करने की पहचान की तरफ है जिसके अभाव में जीवन दुर्वह भार बन सकता है। समकालीन जीवन के इस कठिन व्याकरण के विरुद्ध देवताले का सम्बोधन है :

सज्जनो
वह इस तरह मग्न झाड़ू-पोता करता दिखेगा
जैसे बधिर जन्म से
भावहीन चेहरा लिए काठ का
पर सच मानिए लपकते होंगे
हर शब्द को उसके कान
और भीतर वाले चेहरे पर उपचती होंगी उसके
तरस और घृणा की परछाइयाँ।

देवताले की फैंटसियों में तरह-तरह के लोगों और दृश्यों का ऐसा विन्यास

प्राप्त होता है कि वे हमें दूर ले चलते हैं। वे हमें कुछ बताने की आतुरता में हैं। उनके पास रहस्य की पिटारी है जिसमें हमारे वर्तमान की कई बदसूरत सच्चाइयाँ हैं। देवताले की सूक्ष्म दृष्टि उन रहस्यों को भेदती चली जाती है। लेकिन वह उनकी निर्बाध यात्रा नहीं, उसके कुछ निर्णीत पड़ाव भी हैं। वहीं वे अपनी प्रतिपक्षधर्मी रचनाशीलता के कायल हैं।

विजेन्द्र के पास लोकजीवन का पूरा भंडार है। सघन अँधेरे में पथ दिखलाता हुआ कल्पतरु धरती को प्रदान करने की इच्छा विजेन्द्र की कविता में सुरक्षित है। 'मैंने अग्नि से पूछा' (वर्तमान साहित्य–कविता विशेषांक) शीर्षक कविता में प्रोमुथ्यु के मिथक को अपनाकर कविता के अन्तःस्वर के साथ उसे मिलाया गया है। लेकिन विजेन्द्र का उद्देश्य मिथकीय कविता रचने का नहीं है। उक्त कविता में प्रयुक्त शब्द कविता के अन्तःस्वर को स्पष्ट करने में सक्षम हैं। उसका वस्तु-विन्यास तथा शब्द-विन्यास समकालीन कविता की प्रतिपक्षधर्मी चेतना को व्यक्त करने लायक हैं। वस्तु-विन्यास का उदारहण है :

पर सोचो
उस योद्धा के बारे में
जिसने पहली बार
अँधेरे–बिल्कुल अँधेरे में
अपना पाँव रखा
और 'छपाक' से
आवाज़ हुई–
एक बिजली की कौंध
हृदय की असंख्य धड़कनें
फिर लोगों ने कहा
इधर से कोई जा चुका है
ये निशान
ताज़ा हैं
इधर हम भी चलें।

वस्तु-विन्यास में कथापक्ष को त्यागकर उसे वर्तमान से जोड़ा गया है। यही नहीं उस अनुभव को नाटकीय बनाकर, जैसे अँधेरे में कदम रखते हुए, बिजली की कौंध के बीच हृदय की असंख्य धड़कनों के साथ, विजेन्द्र ने उसे प्रस्तुत किया है। अतीत का अतीतत्व इसमें संकेतित ही नहीं है क्योंकि अगली पंक्ति है फिर लोगों ने कहा, इधर कोई जा चुका है। कविता का यह संकेत बिल्कुल अँधेरे से जुड़कर अर्थवान होता है। यहाँ भी कवि ने मिथकीय वस्तु का इशारा नहीं किया है। पुनः उसके पैरों के निशानों को ताज़ा अनुभव करते हुए लोगों की आशा ही

व्यक्त की गई है—"इधर हम भी चलें"। प्रकाश की खोज की यह यात्रा समकालीन कविता की प्रतिपक्षधर्मी चेतना को पूरी तरह से व्यक्त करती है।

आगे मिथकीयता का थोड़ा-सा संस्पर्श देकर विजेन्द्र ने उक्त कविता को पुनः वर्तमान में ही खड़ा किया है :

मैंने एक बार
अग्निदेव से पूछा
क्या तुमने
उस योद्धा को पहचाना
जो तुम्हें
धरती पर ले आया
उसका हाथ जल गया है
और जिस्म काला है
मैं उसी का वंशज हूँ
अब तुम्हें बुझने न दूँगा।

कविता के इस खंड में अग्निदेव के परामर्श से मिथकीय आभास मिलता है। लेकिन उससे जुड़े अन्य शब्द मिथकीयता के अनुकूल नहीं हैं। वे शब्द हमारे हैं, हमारे वर्तमानत्व के हैं। हाथ का जलना, जिस्म का काला होना तथा उसको बुझने न देने का वादा आदि विन्यासों में शब्दों का सधा प्रयोग मिलता है जो कविता में मनुष्यधर्मी दृष्टि को विकसित करने में सहायक है। इस प्रतिपक्षधर्मी प्रवृत्ति को कविता का जीवन भी कहा जा सकता है।

आलोकधन्वा की पहचान सूक्ष्म तथा संश्लिष्ट रही है। अपनी मनुष्य-केन्द्री दृष्टि के कारण तथा राजनीतिक आन्दोलनों के साथ के सही सरोकारों के कारण आलोकधन्वा गलत का अन्दाज़ा लगा लेते हैं। उनकी कविता बृहत्तर परिवेश की ओर इसलिए अग्रसर होती है क्योंकि वह आडम्बर की जगह आन्दोलन को तरजीह देती है। यहाँ 'जिलाधीश' शीर्षक कविता उद्धृत की जा सकती है, जिसमें उन्होंने एक जिलाधीश का जिक्र किया है। कवि हमें बता रहा है वह राजा नहीं है, जिलाधीश है जो हमें ध्यान से सुन रहा है, वह करीब से सुन रहा है। उसकी विशेषता यही है कि वह आम तौर के राजाओं से अधिक शिक्षित है और बातों में तत्वर और संलग्न है :

यह दूर किसी किले में—ऐश्वर्य की निर्जनता में नहीं
हमारी गलियों में पैदा हुआ लड़का है।
यह हमारी असफलताओं और गलतियों के
बीच पला है।

उक्त कविता का यह प्रकरण मुख्य है। जिलाधीश की जीवन-पृष्ठभूमि यही है। पर कवि ने उसकी तुलना राजा से की है। फरियाद सुननेवाले राजा के समान यह मेज़ के उस पार बैठकर ध्यान से हमें सुन रहा है। पूरी तत्परता और संलग्नता के साथ। यह तुलना जिलाधीश को एक नयी भूमिका में पेश करने में सहायक है। इसलिए कवि ने लिखा है :

यह जानता है हमारे साहस और लालच को
राजाओं से बहुत ज़्यादा धैर्य और चिन्ता
है इसके पास।

हमारी गलतियों और लालच के बीच में पलने के बाद, हमारी सामान्यताओं के बीच बड़ा होने के बावजूद, हमारी कमज़ोरियों से वाकिफ होने के कारण कवि की चेतावनी है कि यह ज़्यादा भ्रम पैदा कर सकता है :

कड़ी निगरानी चाहिए
सरकार की इस बेहतरीन निगाह पर।
कभी-कभी तो इससे सीखना भी पड़ता है।

कविता की यह पीठिका मात्र चेतावनी नहीं देती है। दरअसल कविता का सही 'स्पेस' यही है। शब्द-संकेत चेतावनी के अनुकूल हैं। आज़ादी से दूर रखने का सरकारी दिमाग और राजाओं से अधिक धैर्य और चिन्ता के होने का मुद्दा एक-दूसरे से भिड़कर कविता का 'स्पेस' तैयार करता है। इतिहास की आवृत्ति का यह 'स्पेस' है। हमारी गलियों में पला यह व्यक्ति सरकारी दिमाग का उपयोग करता है। तुरन्त एक अलग 'स्पेस' का सृजन होता है। इतिहास की आवृत्ति और गलियों में पलनेवाले के माध्यम से सृजित 'स्पेस' में से एक बिम्ब स्पष्ट झलकने लगता है जो गलियों के विरुद्ध उभरनेवाला बिम्ब है। इसलिए आलोकधन्वा ने कड़ी निगरानी रखने की बात पर ज़ोर दिया है। यही वह सन्दर्भ है जहाँ आलोकधन्वा की प्रतिपक्षी चेतना, जो सत्ता के विरुद्ध सख्त है, विवृत होती है।

पहल पुस्तिका के रूप में प्रकाशित नीलाभ की लम्बी कविता 'उत्तराधिकार' (1985) कवि के व्यापक दृष्टिकोण की परिणति है। इसकी भूमिका में नीलाभ ने स्पष्ट किया है—"कविता का मूल विचार एक ऐसे मित्र की आत्महत्या के बाद पैदा हुआ था, जिसके बारे में यह कल्पना भी नहीं की जा सकती थी कि वह आत्महत्या कर सकता है...मैंने एक व्यक्ति की लड़ाई को बहुत-से लोगों की लड़ाई से जोड़कर देखा...सामाजिक बेहतरी की लड़ाई मिलकर ही लड़ी जा सकती है और हमारा इतिहास धर्मसंघर्ष का इतिहास है"। नीलाभ की यही वर्ग-चेतना उसकी प्रतिपक्षधर्मी दृष्टि की सही पृष्ठभूमि है। लम्बी कविता के आरम्भ में कवि कहता है कि उसकी मौत कहीं अंकित नहीं है :

इस देश के बहुत-से अनाम लोगों की तरह
वह भी। एक दिन। निःशब्द। डूब गया।

दरअसल यही उस कवि-मित्र के जीवन का आरम्भ और अन्त है। यह उसकी अधूरी कथा है।

पर वह कवि-मित्र दिमाग के कारागार में बन्द रहकर भी अँधेरे के पहाड़ को काटता था जो घर का, क्रूर समय का अँधेरा था। ''उसके दिलो-दिमाग जलते थे आग से'' जिस आग से पहले आदमी चला आया था। आदिम अँधेरे में आदमी बाहर आया था। इसी रास्ते पर चलकर उसने सीख लिया था कि अन्याय-शोषण से कैसे संघर्ष किया जाए। परन्तु फिर भी सब बदलने लगे। एक बदले दृश्य को कवि ने प्रस्तुत किया है :

देखते-ही-देखते बदल गए जीवनदायी मेघ
धुएँ के काले, जहरीले बादलों में
पेड़ : कागज़ों में कागज़ : कानूनों में
कानून नए शिकंजों में,
पहले से भी ख़ूँखार पंजों में
बदल गए पहल : कारखानों में, दस्तकार : मज़दूरों में
हवेलियों की नींव पर उगने लगे गगनचुम्बी बैंक
अनगिनत जड़ों को चूसते हुए रस
धरती का, कपास का, श्रमिकों के पसीने का।
करघों की कब्रों पर खड़ी हो गईं विशालकाय कपड़ा-मिलें!

इस बदलाव के कारण सवाल पर सवाल पूछे जाने लगे—''कब तक, आखिर कब तक, रहेगा हमारा यह हाल ?'' अन्तहीन सवालों के मध्य सुरेन्द्रपाल (कवि-मित्र) की मृत्यु हुई। उसकी मृत्यु पर कोई शोकसभा नहीं हुई। पर वह अब भी घूम रहा है उसी लिबास में परेशान और बदहवास होकर :

सौंपता हुआ
अपनी उजली मुस्कान की शक्ति हमारे अंगों को
अपने जलते हुए खून की लाली हमारे झंडों को
और अपनी अधूरी ज़िन्दगी को
पूरा करने का उत्तराधिकार
हमारी लड़ाई को।

यह कभी भी खत्म न होनेवाली लड़ाई है जिसे उत्तराधिकार के रूप में हमने प्राप्त किया है। कविता में सुरेन्द्रपाल और बाकी सब हैं। लेकिन यह संघर्ष हमारे युग का है। समकालीन कविता इसी संघर्ष के आधार पर प्रतिपक्षधर्मी है। वह अपनी

वास्तविकता घोषित करती है। यान्त्रिक संस्कृति के इस शिखर विकास के युग में कविता शब्दों के माध्यम से यही कर सकती है। नीलाभ ने कविता के संघर्ष को आत्मीयता के साथ व्यक्त किया है जिससे कविता की प्रतिपक्षी भूमिका स्पष्ट हो जाती है।

ज्ञानेन्द्रपति की एक कविता 'पुरी : मन्दिर' (पहल : 24 : 1983) में हमारे पड़ोस के अन्तर्विरोध को व्यक्त किया गया है। मन्दिर के भीतर महाभोज का आयोजन हो रहा है। इसलिए कविता की आरंभिक पक्तियाँ अन्न की गन्ध से महकती हैं :

रसोई राँधी जा रही है
जगन्नाथ के मन्दिर में
सात सौ बावन चूल्हे अनवरत जल रहे हैं
नौ हाँडियाँ एक पर एक
सींझ रहा है भात।

यह है महाभोज का उल्लास नृत्य। नर्तकों के—रसोइयों के--सधे हुए पाँव और हाथ भोजन-रास रच रहे हैं। मन्दिर के चार जनों की चार हज़ार उँगलियाँ महाभोज का महापट बुन रही हैं। राँधे गए अन्न की गन्ध मन्दिर के चारों द्वारों से निसरती है। मन्दिर के भीतरी कक्ष और द्वारप्रवेश की यही वास्तविकता है। लेकिन एक और यथार्थ है। कविता का यथार्थ यथातथ्यता के आगे का है। ज्ञानेन्द्रपति अपनी कविता के आरम्भ में यद्यपि मन्दिर के यथार्थ का चित्रण करते हैं फिर भी वे बाहरी यथार्थ को समेटने के प्रयत्न में लगे हुए हैं। भीतरी यथार्थ में महाभोज है, अन्न की गन्ध है, पर मनुष्य नहीं है। बाहरी यथार्थ में मनुष्य है :

समुद्र की ध्वनि
नहीं जाती जगन्नाथ के कानों में
नहीं जाती उत्तर दरवाज़े के गुम्बज में बसी हुई
चमगादड़ों की बस्ती के कानों में
समुद्र की ध्वनि नहीं जाती
मन्दिर के आँगन में
जूठा भोजन झपटते बच्चों के कानों में
जिनके पास केवल माँगनेवाले हाथ बचे हैं।

इन दो चित्रों की पारस्परिकता की कमी कविता के यथार्थ की असलियत है। वही अन्तर्विरोधी जीवन की भी असलियत है। यह अन्तर्विरोध कविता में निरन्तर गहराता है क्योंकि प्रारम्भिक चित्र मन्दिर के महापट का है जहाँ 'भोजन रास' रचा जा रहा है। कवि ने जिन शब्दों का प्रयोग किया है उनके साथ दूसरे चित्र का द्वन्द्वात्मक

सम्बन्ध सूक्ष्मता के साथ उभारा गया है। जब तक यह अन्तर्विरोध बना रहता है तब तक कविता अपनी विह्वलता छिपा नहीं सकती। वह उद्विग्न ही रहती है। वस्तुतः कविता जन्मती है उसी छोर से जिस छोर पर जीवन का भरा-पूरा अनुभव हो, मनुष्यों की भीड़ हो। कविता के समकालीन होने की शर्त उसकी इसी भागीदारी को लेकर है। इस अर्थ में ही वह प्रतिपक्षधर्मी है। यह कोई ऊहापोह नहीं वरन् समकालीन कविता का वास्तविक रचनात्मक धरातल है।

ज्ञानेन्द्रपति की प्रतिपक्षधर्मी पक्षधरता के कारण आनुष्ठानिक कर्म का विरोध उन्होंने 'प्रार्थनाएँ बन्द करो' शीर्षक कविता में किया। ईश्वर की स्थिति का विरोध भले ही इस कविता में गुंजायमान न हो फिर भी ईश्वरीय न्याय के विरोध में यह कविता लिखी गई है। वस्तुतः यह ईश्वरीय न्याय पर किया गया आघात नहीं बल्कि मनुष्य के अन्याय पर किया गया कुठाराघात है—बन्द करो ये प्रार्थनाएँ। कविता में ईश्वर को पाखंडी करार दिया गया है। उसकी वजह सिर्फ यही है कि वह अन्याय, शोषण और उत्पीड़न को ढँकने का प्रयत्न करता है। उनको बढ़ावा दे रहा है। इसलिए कवि बच्चों के हाथ को जुड़ने नहीं देना चाहता। ये हाथ अत्याचारियों पर अन्तिम चोट करने के लिए हैं। ये हाथ एक निरर्थक क्रियाकलाप के लिए नहीं बल्कि एक अर्थवान कार्य के लिए हैं। ज्ञानेन्द्रपति की यह कविता बच्चों पर अधिक ज़ोर देती है। इसका कारण यही है कि उनका मस्तिष्क हमारी पृथ्वी का सबसे उर्वर टुकड़ा है और वह हमारा भविष्य है। इस प्रकार कविता बच्चों के साथ भविष्य को जोड़कर उसके केन्द्र में चेतन स्वप्न को संस्थित करने का कार्य करती है। कवि की मनुष्यधर्मी आस्था से यह कविता-संकेत बल प्राप्त करता है।

कुमारेन्द्र पारसनाथ की कविताएँ राजनीतिक ध्वंस और मानवीय इतिहास के अयाचित पृष्ठों के विरुद्ध ली गई कार्रवाई के समान हैं। इसलिए वे साहस के साथ कह सकते हैं : डोमा पांडे, उजागिर सिंह तथा भैरव दुसाध के घर में कोई फर्क नहीं है (मेरे गाँव के लोग—मुक्ति पर्व—विश्वम्भरनाथ उपाध्याय द्वारा सम्पादित 'समकालीन कविता की भूमिका में' संकलित)। यह कुमारेन्द्र पारसनाथ की प्रतिपक्षधर्मी दृष्टि की आत्यंतिक पहचान है। त्रास के पूरे आच्छादन के बावजूद उनकी कविता उम्मीद पर टिकती है। यह निरी आशावादिता से उत्पन्न मोहक स्वप्न नहीं, अपितु मनुष्य के प्रति जगती आस्था का संकेत है :

भूख ने उन्हें अलग-अलग कुओं से
निकालकर एक बड़ी फौज में
भर्ती करना शुरू कर दिया है।

यह कविता आशावादी है क्योंकि अन्तिम पंक्ति में आशावादिता स्फुरित होती ही है—"उन्हें इन्तज़ार सिर्फ लाल तारे का है"। लेकिन यह वायवीय आशावादी दृष्टि की कविता नहीं। सशक्त दृष्टि को स्वरूप प्रदान करने के उपरान्त ऐसी पहचान

बनाई गई है। आवेग के आने के पहले यथार्थ का साक्षात्कार हुआ है और क्रान्ति की चेतना को दिशा देने का कार्य किया गया है। ज़मीन पर खड़े होकर आकाश के लाल तारे की ओर देखने का उपक्रम समकालीन कविता के अनुकूल ही है।

उनकी एक अन्य कविता 'आधी रात' शीर्षक से है। राजनीतिक ध्वंस के सन्दर्भ में इसका भी वाचन प्रीतिप्रद हो सकता है। वास्तविकताओं को पूरी तरह लुटाकर, अयथार्थ के मोह में आबद्ध रखकर, आत्ममुग्धता की सुविधा में डूब जाने का इतिहास ही हमारा है। इसे हम अपनी राजनीति के इतिहास का पतनोन्मुख या उपनिवेशवादी पहलू भी बता सकते हैं। कुमारेन्द्र पारसनाथ उसी पहलू को अपनी कविता में प्रस्तुत कर रहे हैं :

वक्त के इस मुकाम पर पहुँचकर
मैंने उसकी वास्तविकताओं से संवाद करना शुरू कर दिया है
और वह चुप है।
(उसे मेरा होना भी मंजूर नहीं है)
बीच-बचाव के लिए इतिहास मौजूद है।
मगर घटनाएँ
साँप पर लगी चींटियों की तरह
उसे
कहीं और घसीटे जा रही हैं।
मैं उस आदमी को वर्षों से खोज रहा हूँ
जिसने आज़ादी का परचम उठाकर
(महज एक गुलाब के लिए)
हम से हमारा इतिहास चुरा लिया है
और उसकी जगह एक नकली दस्तावेज़ रखकर
खुद चोर दरवाज़े से कहीं बाहर निकल गया है।

इस कवितांश में आदमी की खोज, महज एक गुलाब के लिए आज़ादी का परचम उठाकर इतिहास को चुराना, इतिहास के स्थान पर नकली दस्तावेज़ प्रस्तुत करना और चोर दरवाज़े से निकल जाना आदि हमारे राजनीतिक जीवन की कई घटनाओं की कई दिशाओं के मूर्त रूप हैं। यह अनुभव आम नागरिक का है। लेकिन कुमारेन्द्र पारसनाथ ने उसे काव्यात्मक अनुभव में परिणत किया है। लुप्त इतिहास का पता नहीं चलता। फिर भी कवि को लगता है कि अब जीवन से कटकर रहने का वक्त नहीं है क्योंकि वह अकेला नहीं है। अनुभव का यह परिवर्तन कविता की इच्छित दिशा है। कवि का यह नया अनुभव यों है—"मेरे भीतर एक विराट ज्वाला थी और उस ज्वाला में एक नया संसार उभर रहा था"। लुप्त इतिहास और उसे चुरानेवाले को खोजने के लिए वक्त को बरबाद करना कवि के अनुसार व्यर्थ है।

अकेले व्यक्ति के स्थान पर एक पूरे दल का अनुभव किया गया है जो आन्तरिक ज्वाला से अभिभूत है और जैसे पिछली कविता में उन्हें इन्तज़ार है तो लाल तारे का। लुटेरों और शोषकों के प्रति अख्तियार किया गया यह रवैया कविता की प्रतिपक्षधर्मी चेतना को गहराता है। इसलिए कविता के अन्त में उस अभिप्राय को कवितात्मक समापन प्रदान किया गया है :

मैंने पास के एक फूल की ओर देखा
उस पर ओस की बूँदें सूरज के लिए आइना खड़ा करने में लगी थीं।
और सूरज वहाँ नहीं था
पूछा—क्यों तैयार हो ?
देखा, उस शीत अँधेरे में भी
वह पहले से अधिक चमकने लगा था।

वेणुगोपाल का स्वर प्रतिपक्ष की तरफ से गूँजता है। भारतीय दशा-दुर्दशा से सरोकार रखनेवाले कवि के रूप में वे समकालीन दौर में प्रस्तुत हुए। उनकी एक लघु कविता का उल्लेख यहाँ किया जा रहा है जिसमें उन्होंने एक सरल प्रतीकात्मक विन्यास प्रस्तुत किया है। लेकिन बीज की प्रतीकात्मकता के माध्यम से वेणुगोपाल ने मनुष्यधर्मी दृष्टि की अनिवार्यता पर ज़ोर दिया है। कविता का शीर्षक है 'जहाँ उगना है' जिसमें बंजर है और हवा, धूप, पानी कुछ भी नहीं है, फिर भी उगना है (पहल—1984) :

बे-हवा में लहलहाना है
अँधेरे से रोशनी खींचनी है
पत्थरों से पानी निचोड़ना है
हर हाल में उसे उगना है

....

कि वह बीज है
और वह जानता है
कि वह बीज है।

कविता के परिवेश में सृजन और बीज की स्थिति पर ज़ोर देकर जैसी प्रस्तुति वेणुगोपाल ने की है, उसमें उनकी सुदृढ़ दृष्टि को द्योतित करनेवाले शब्द एकत्रित हुए हैं। "हर हाल में उसे उगना है" यही समकालीन कविता की दृष्टि है या कविता की समकालीनता है। बीज के सन्दर्भ में अगर यह एक जैविक प्रक्रिया है तो कविता की भी जैविक प्रक्रिया हो जाती है। लेकिन इसमें जनादेश का स्वरालाप संकल्पित है। उसी के अभाव में हमारा इतिहास लुप्त हो चला था। कविता हर हालत में उगती है। पर यह भी सच है कि वह यों नहीं उगती। जब कविता अपनी ज़मीन

पर बीजवपन करती है तो अपने आस-पड़ोस से हवा-पानी ग्रहण करने लगती है, तभी ऐसा शक्ति-संचय सम्भव होता है। तब वह उगती है।

'अलाव' (1992) के कविता-विशेषांक में शलभ श्रीराम सिंह की 'जनादेश' शीर्षक कविता प्रकाशित है। प्रार्थनाएँ बन्द करने के अनुरोध के लहजे में लिखी गई ज्ञानेन्द्रपति की कविता के आगे की रचना के रूप में 'जनादेश' को देखा जाना चाहिए। जनता के आदेश के रूप में बिना किसी घुमाव-फिराव के साथ लिखी गई यह कविता गोरख पांडेय की कविता के तर्ज की है। इसकी सपाटता इसका चरित्र है क्योंकि यह कविता प्रतिपक्षी स्वर को बुलन्द करनेवाली है। इसमें शोषण तन्त्र को नंगा किया गया है। शोषित लूट से उभरते नज़र आ रहे हैं। इसलिए उनका स्वर मुख्य हो गया है :

मोचियों की बस्ती पर हमला करनेवाले लोग
पकड़े जायँ हरिजनों गिरिजनों बनजारों को त्रस्त करनेवाले
तमाम लोग
पकड़े जायँ औरतों के साथ बलात्कार करनेवाले
बच्चों को आग में झोंक देनेवाले पकड़े जायँ
पकड़े जायँ बुड्ढों की मूँछ उखाड़कर तमाचा मारनेवाले लोग।

शोषण के तन्त्र के विस्तार को प्रस्तुत करने के लिए अलग-अलग उदाहरण दिए गए हैं और जनादेश सुनाया गया है। लेकिन कविता के अन्त में पकड़े जाने की बात से बढ़कर गिरफ्तार करने का आदेश जारी किया जा रहा है जिसमें सत्ता के सभी प्रारूप शामिल हैं। अत्याचार के साथ सत्ता के प्रारूप शामिल किए गए हैं। वहीं से कविता का प्रतिपक्षी संकेत स्पष्ट होने लगता है :

न्यायालय गिरफ्तार किए जायँ
गिरफ्तार की जायँ विधान सभाएँ
पूरी की पूरी संसद गिरफ्तार की जाय
अभी इस वक्त फौरन।

यह निर्णयात्मक स्वर कविता के आन्तरिक स्वर में लीन मानवीय इच्छा को व्यक्त कर रहा है।

राजेश जोशी की एक कविता का शीर्षक है 'क्या आकाश एक उदासी का नाम है' ('पहल' कविता विशेषांक)। कविता में रात की निश्चलता को बिम्बीकृत किया गया है। वीरागनी का आभास देने के उपरान्त कविता में प्रतीक्षा की लकीर स्पष्ट झलकने लगती है जो धीरो-धीरे विकसित होती है :

चट्टान की पगथली में निन्द्रित मछली के गर्भ में मैं
अनवरत जागते हुए

करता हूँ प्रतीक्षा
हिले और टूटे यह जल निद्रा
बिखर जाय चटककर
स्याह होता जा रहा यह नीले पत्थर का आकाश
जीवित वृक्षों की रीढ़ और माँ की निश्चल हँसी में
धूप की तरह उजली और ऊर्ध्वमुखी यह इच्छा
तमाम क्रूरताओं के बीच भी
तमाम विडम्बनाओं के बीच भी
अनवरत सक्रिय है एक हाथ
जड़ हो रही चीज़ों को
जो पथराने से रोक रहा है।

अनवरत जागृति और सक्रियता का अन्दाज़ कविता को प्रतिपक्षी बनाता है। यह वही सृजनशीलता है जिसने पतनोन्मुखता के कगार से मनुष्य को बचाया है। यह कोई सरल उपक्रम नहीं है। विडम्बनाओं के बीच इसे जारी किया जाना पड़ रहा है। तभी प्रतिपक्षीय जीवन-दिशाएँ स्पष्ट हो सकती हैं। वेणुगोपाल की कविता के समय यहाँ राजेश जोशी की पंक्तियाँ हैं :

एक बीज है
मिट्टी की सतह के नीचे
जो पतझर की चुप्पी के विरुद्ध कुनमुना रहा है।
टूट रहा है रचना के अन्तर्तत्त्वों का गणित
और बिखरने को है वस्तु के ज्यामितिक आकारों का संसार
विस्फोटित होगी यह चुप्पी
और गति के गुणात्मक प्रकाश में
अभिव्यक्त होंगे खनिज अपनी पूरी ओजस्विता में।

प्रतिपक्षीय दिशाएँ इसी प्रकार तेजदीप्त होकर प्रकट होने लगती हैं। यहाँ भी इस ओर ध्यान दिया गया है कि यथार्थ का धरातल कितना वास्तविक है। आकाश की निश्चलता क्या उदासी का नाम है ? यही सवाल पूछा गया है। वैसे यह एक सवाल नहीं बल्कि प्रस्ताव है। यह विस्फोट के पहले की चुप्पी है। इसलिए राजेश जोशी की आशावादी दृष्टि निरी आवेगमयता की त्वरित रीति नहीं है, बल्कि मानवीय ऊर्जा को साकार करने का प्रयास है।

प्रयाग शुक्ल की 'बीज' शीर्षक कविता में एक सहज मानवीय आकांक्षा शब्दबद्ध हो गई है। सामाजिक जीवन की गतिहीनता से भी कवि परिचित है। उपाय ढूँढ़ा जा रहा है कि इस गतिहीनता को समाप्त किया जाए। रास्ता खुलता नहीं

है। तभी बीज का आभास कवि को होता है। इस सन्दर्भ में कविता सार्थक होती है क्योंकि निरुपाय अवस्था के आगे रास्ता खुलता प्रतीत होता है। धूमिल की पंक्ति यहाँ याद की जा सकती है—"समय गवाह है, मेरी बेचैनी आगे की राह है।" यहाँ प्रयाग शुक्ल में भी बेचैनी है जो निरुपाय शब्द से पूरी तरह व्यंजित होती है। बादल, पेड़, चिड़िया, मनुष्य सब उपाय खोजते हैं और बेचैनी से रास्ता खुलता है :

भीतर कहीं
माटी में
गुठ्ठल एक बीज
मुड़ता, कसमसाता
सिर उठाय।

इस रचना-रीति को चित्र-सन्निवेश कहा जा सकता है। इसमें वे एक खास प्रकार की चित्र-भाषा विकसित होती है। पर यह अलंकृत भाषा का उदाहरण नहीं। अन्याय के विस्तार को व्याप्त दिखाने के बाद कविता यह चित्र संयोजित है। तब यह चित्र अलंकरण नहीं रहता। यह चित्र अन्याय को मूर्त करनेवाला भाषिक क्रम हो जाता है। प्रयाग शुक्ल अपनी प्रतिपक्षीय दृष्टि को ऐसे विन्यासों के ज़रिए सफलतापूर्वक व्यंजित करते हैं।

हमारे जीवन में व्याप्त एक विशेष तनाव को, जो प्रतिपक्ष-विरोधी है, मंगलेश डबराल अपनी एक कविता (पैरों के पीछे—पहाड़ पर लालटेन) में तोड़ना चाहता है। अपनी बची-खुची ज़िन्दगी को बचाते हुए, कोई एक दिन विस्फोट होगा और ज़िन्दगी के बदलने की इच्छा का यह तनाव वास्तविक नहीं है। यह स्वप्निल है। कवि का सवाल है :

मेज़ पर गम्भीरता से झुके हुए
हम किसके प्रतिनिधि हैं
किस घटना की खबर हैं हम
कौन हैं वे लोग हम जिनकी आवाज़ हैं
भूख से भर्राई हुई
हम उन्हें जनमते कोई हथियार
दे सकते हैं उनके हाथ में
हम उनसे पूछ सकते हैं क्या वे अपने साथ
लाए हैं अपनी आग
कविता में पूछे जाने के
सारे सवालों के जवाब

पूरी सदी
पूरे खून का हिसाब।

आशावादी स्वर के विपरीत इसमें शब्दों को पैरों के पीछे धकेलने के प्रति हताशा व्यक्त की गई है। जो कवि इस स्थिति का जानकार है वही पुनः प्रतिपक्षीय अन्दाज़ अपना सकता है। अतः इस कविता का सवाल गम्भीर है और अंगभीरता पर चोट भी।

जाति और धर्म ने हमारी सामाजिक आकांक्षाओं को बिखेर दिया है। यह बिखराव समाज में रहा क्योंकि अधिकारग्रस्त स्थान व भाषा ने धार्मिक निजता पर कालिख पोत दी और जातिवाद का झंडा फहराया। आधुनिक समाज इसके विरुद्ध एक कार्रवाई अपना नहीं पा रहा है। हमारी सामाजिक अवस्था की इस जड़ता के विरुद्ध कुमार विकल का प्रतिपक्षीय स्वर इस प्रकार ध्वनित होता है :

यह जो सड़क पर खून बह रहा है
इसे सूँघकर देखो
और पहचानने की कोशिश करो
यह हिन्दू का है या मुसलमान का
किसी सिख का या ईसाई का
किसी बहन का या भाई का
सड़क पर इधर उधर पड़े
पत्थरों के बीच में दबे
'टिफिन कैरियर' से
जो रोटी की गन्ध आ रही है
वह किस जाति की है ?
क्या तुम मुझे यह सब बता सकते हो
इन रक्त सने कपड़ों, फटे जूतों, टूटी साइकिलों
किताबों और खिलौनों की क़ौम क्या है ?

कवि ही उत्तर देता है कि यह खून आदमी का है। 'पहचान' शीर्षक कुमार विमल की यह कविता ('यह ऐसा समय है'—संकलन) वास्तविक पहचान की है। इस कविता की बुनावट सरल है। लेकिन हमें यह आहत करती है। न लौटनेवाले बच्चों, उनकी टूटी चप्पलों, साइकिल चलाते मामूली व्यक्तियों के बीच कविता गुज़रती नज़र आती है। उनकी पीड़ादायक ज़िन्दगी की आड़ में भेड़िए के समान जाति और धर्म की रूढ़ियाँ अपनी सुर्ख आँखों से हमेशा खड़ी रहती हैं। आँसुओं के धर्म और सपनों की जाति का मर्म अभी तक पूरी स्पष्टता के साथ परिभाषित नहीं किया गया। कुमार विमल की समकालीन दृष्टि वस्तुतः उसे परिभाषित करने की

कोशिश है।

इसी प्रकार की, पर थोड़े भिन्न अन्दाज़ में लिखी, एक कविता विनय दुबे की है जिसका शीर्षक है 'अयोध्या' ('खलल' संकलन की) अयोध्या-बाबरी मस्जिद मसला इसका आधार है। कविता एकदम सरल है। पर उससे जुड़ी हुई दृष्टि आज के अन्तर्विरोध की है जिसमें शब्द और वाक्य-चयन और उनकी आवृत्ति से धर्म की रूढ़ियों को उनके पिष्टपेषण को प्रक्षेपित किया गया है। रूढ़ियों के पिष्टपेषण में अगर कोई गायब हो गया है तो वह है मनुष्य। कवि का संकेत उस ओर है। धार्मिक मुद्दों में मनुष्य को गायब समझने का षड्यन्त्र ही अधिक शक्तिशाली है।

अपने कविता-संकलन 'प्रार्थना के शिल्प में नहीं' में देवीप्रसाद मिश्र ने अपनी बात सटीकता से व्यक्त की है। 'प्रार्थना के शिल्प में नहीं' शीर्षक कविता में वे देवियों और देवताओं से भी अनुरोध करते हैं, पर प्रार्थना के शिल्प में नहीं। यह दृष्टिकोण उनकी मानवीय दृष्टि का परिचायक है। लेकिन यह सतही मानवीयता नहीं है। सख्त ज़मीन से जुड़कर ही वे अपनी बात कहते हैं। इस संकलन की अन्तिम कविता का शीर्षक है 'कविता' :

कविता खतरनाक ऊँचाइयों तक पहुँचती है और वह देख पाती है
कि भारत के कच्चे घर आगत महायुद्ध के करोड़ों शिखर हैं
कि हल और इतिहास की मूँठ किसान के हाथ में है
कि ज़मीन को देखकर चलने का सलीका अब भी बचा है
कि बुलाने पर मुड़कर देखने की रस्म अब भी बाकी है।

कविता की वास्तविक स्थिति से शुरू करके जीवन के साधारणत्व की ओर बढ़कर देवीप्रसाद की कविता अपना प्रतिपक्षधर्मी स्वर त्वरित करती है। इसलिए वे कविता को मनुष्य की आदिमता से तथा इति से जोड़ते हैं, हवा, आग, आकाश, पानी की तरह :

पृथ्वी की तरह
आखिरी मनुष्य के जीवित रहने तक
जीवित रहती है कविता
जैसे सबसे पहले मनुष्य के साथ शुरू हुई थी कविता।

यह कवि की इच्छा भी है और कविता की निजता भी। इसी निजता को समकालीन सन्दर्भ में प्रतिपक्षीय दृष्टि कहा जा सकता है।

'सामाजिक अन्तःकरण' से युक्त कवि होने के कारण बद्री नारायण की कविताएँ निरन्तर हमारे करीब से शब्द खोजती हैं। यह इस कवि का पहला कार्य है। दूसरा कार्य है, इन शब्दों में जीवन की निजता भर देना। तब उनकी कविता हमारे लिए अतीव संवेद्य हो जाती है। तीसरा कार्य है, उसमें कुछ परिवर्तित दिशाओं

को गुंफित करना। इसी क्षण उनकी कविता प्रतिपक्षधर्मी होती है। उनकी एक कविता है 'सुकोमल बाबू की याद में' (सच सुने कई दिन हुए)। उपरोक्त सूचित कार्य-व्यापार के आधार पर इस कविता का वाचन करें तो इसकी समकालीनता तीव्रतर हो सकती है जहाँ पानीपत तीव्र जीवन-संघर्ष का प्रतीक है :

आटे का घोड़ा
और मोम की तलवार
रोज़ लड़ते जाते हैं पानीपत का मैदान सुकोमल बाबू
एक पानीपत, दो पानीपत, अनेक पानीपत
इच्छाओं का पानीपत
महत्त्वाकांक्षाओं का पानीपत
कल्पनाओं के हज़ारों होते हैं पानीपत
रोज़ लड़ते हो, रोज़ कटते हो।

सुकोमल बाबू और पानीपत के समीकरण से स्पष्ट होनेवाला दृश्य इतिहास के उस ध्रुव से दूर, इस ध्रुव की सच्चाई से वलयित दृश्य है जहाँ उसकी इच्छाओं और महत्त्वाकांक्षाओं का पानीपत चलता ही रहता है। उसका रोज़-रोज़ लड़ना और कट जाना कितना दारुण है। लेकिन कविता के अन्तिम चरण में प्रतिपक्षीय स्वर तीव्र हो गया है। घोड़ों को बदलने का, तलवार बदलने का सुझाव कविता की दिशा को बदलता है। अन्तिम चेतावनी भी काफी सूक्ष्म है। यह कविता इतिहास से संरचित है। पर इसे पूर्णतः मनुष्य-केन्द्री बनाकर ब्रदी नारायण ने मानवीय ऊष्मा को गहराया है।

समकालीन कविता जीवन के बहुमुखी संघर्ष के सामने खड़ी है। निरीक्षक की भूमिका को छोड़ वह बहुमुखी संघर्ष का हिस्सा बन जाती है। इस प्रकार समकालीन कविता संघर्ष की दिशा को चिह्नित करने की शब्दशक्ति बन जाती है। ऐसे में उसे औसत जीवन के साथ जुड़ना पड़ता है। यह एक सामान्य गठबन्धन नहीं है। औसत जीवन, विशेषकर भारतीय स्थितियों की जटिलता के सन्दर्भ में, सामान्य होते हुए भी असामान्य है। औसत जीवन की तमाम दिशाएँ अधिकारग्रस्त संस्थाओं ने अपने अधीन कर ली हैं। इसलिए गलत काल, गलत स्थान और गलत भाषा का प्रयोग ही सब कहीं हो रहा है। समकालीन कविता इस अयाचितता का तिरस्कार करती है और अपना सरोकार व्यक्त करती है। उसका अस्तित्व उसके प्रतिपक्षधर्मी होने को लेकर है। क्योंकि वह अपना काल, जो औसत जीवन का अपना है, ढूँढ़ लेती है और उसे प्रस्तुत करती है। समकालीन कविता स्वयं रचती है।

समकालीन कविता में स्त्री का स्वत्व-विघटन

कविता तथा अन्य सृजनात्मक क्षेत्रों में नारीवाद का स्वर आज बुलन्द है। नारीवाद नारी की स्वतन्त्रता पर बल देनेवाला विचार है जिसे समकालीन दौर में काफी प्रोत्साहन मिला है। इसके पीछे स्वतन्त्रता-हनन के विरुद्ध संघर्ष की अदम्य इच्छा है। शताब्दियों से चले आनेवाले शोषण के खिलाफ लड़ने का साहस है जिसने समाज के विभिन्न शोषण तन्त्रों के अधीन चरमरानेवाले क्षेत्रों को पहचाना। उनसे से एक है नारी का जीवन। पश्चिम के नारी-मुक्तिवाद ने इसको नयी दिशा भी दी। आज के भारतीय परिवेश में इसकी प्रामाणिकता बढ़ी है।

वर्जीनिया वुल्फ ने 'अपने लिए एक कमरा' शीर्षक ग्रन्थ में नारी की अस्वतन्त्रता का विश्लेषण किया है। वे स्त्री के लिए एक कमरे की अनिवार्यता पर ज़ोर देती हैं। रोज़मर्रा के जीवन की रफ्तार से अलग होकर, कुछ क्षण अलग रहकर, कुछ लिखने और उसके संशोधन में लगने तथा ध्यानावस्थित होने के लिए उसे एक कमरे की ज़रूरत है। 'अपने लिए एक कमरा'—इसका शाब्दिक अर्थ ले लें या प्रतीकार्थ; दोनों में भी स्त्री के स्वत्व की पहचान का एहसास है। घर का ऐसा कोई कमरा स्त्री का नहीं है। वह दूसरों के कमरों में अलग-अलग भूमिकाओं में रहती है। इसलिए वर्जीनिया वुल्फ का कथन है कि शेक्सपीयर अगर नारी के रूप में जन्म लेते तो सर्जनात्मक प्रतिभा के बावजूद उनका जीवन घर-बार के काम-काज में नष्ट हो गया होता। यहाँ तक वे स्ट्राफोर्ड से लन्दन तक नहीं पहुँच सकते। वुल्फ का यह निरीक्षण सर्वथा मूल्यवान है।

स्त्री अपने पारिवारिक दायित्वों से मुक्त नहीं होती है। यहीं से उसकी अस्वतन्त्रता का आरम्भ होता है। इसे पोषित करनेवाले कई घटक समाजवादी कहे जानेवाले समाजों में भी मिलते हैं। इस कारण परिवार, शैक्षिक संस्थाएँ और संचार माध्यम आदि स्त्री-सम्बन्धी अपनी पारम्परिक मान्यता को ही बढ़ावा देते रहते हैं। तमाम प्रकार की प्रगतिशील दृष्टियों के बावजूद ये स्त्री को परोक्षतः कटघरे में पाना चाहते हैं जिसे तोड़ना आसान नहीं है। इसलिए गम्भीर स्त्रीलेखन की दिशाएँ सदैव कुंठित होती हैं। जहाँ वह जीवन्त और सक्रिय रहती है वहाँ उसको सामान्यीकृत या सरलीकृत किया जाता है।

नारी मुक्तिवादी समीक्षा (फेमिनिस्ट क्रिटिसिज़्म) नारी-लेखन सम्बन्धी कुछ प्रतिमान संस्थित करती है। उसमें पुरुष-लेखन से अलग रचनाक्रम नारी-लेखन का अभिन्न अंग बन जाता है। उसमें दरअसल भविष्योन्मुखी दृष्टि ही संकेतित है। हेलेन सिक्स, नान्सी मिलर आदि की यही राय है। नारी-लेखन में नारी-शरीर का अंश प्रकट होता है। पश्चिमी नारीमुक्तिवादी आन्दोलनकर्ताओं ने शरीर की सीमाओं को अस्वतन्त्रता समझने की भूल का विरोध किया है। पश्चिमी दृष्टि अपने ढंग से आगे बढ़ी और नारीमुक्तिवादी समीक्षा के साथ 'नारीमुक्तिवादी बयो-समीक्षा' भी जुड़ गया है। मुख्य बात यह है कि स्त्री शरीर को किस प्रकार देखती व अनुभव करती है। इसमें अवयविक आस्वादन नहीं होता, परम्परागत दृष्टि के विरुद्ध एक नयी नारी-दृष्टि विकसित होने लगती है।

पश्चिमी नारीमुक्तिवादी आन्दोलनकर्ताओं और समीक्षकों के विचारों को पूरी तरह से अपनाने में कुछ कठिनाइयाँ हो सकती हैं। लेकिन पुरुष समाज द्वारा गठित भाषिक व्यवस्था का अवलम्ब लेकर स्त्री रचना भी नहीं कर सकती। पुरुषाधिष्ठित भाषा का प्रयोग करने पर स्त्री आत्मनिर्वासित होती है। मेरी जेकॉबस् जैसी समीक्षकों का विचार है कि पुरुषाधिष्ठित भाषिक स्थिति में रहकर उसको 'डीकन्स्ट्रक्ट' किया जाना चाहिए। अतः नारीमुक्तिवाद से प्रेरित या यों कहें नारी-दृष्टि के तहत नारी-लेखन की अपनी भाषा की शुरुआत हुई है जो निरी भाषा की खोज नहीं बल्कि स्त्री के स्वत्व की खोज का ही सन्दर्भ है। अगर हमारे सामाजिक इतिहास में स्त्री नगण्य हो गई तो उसका कारण सामाजिक इतिहास को भी पुरुष की दृष्टि से देखने के ढंग से हुआ है। गेर्दा लेनर के अनुसार स्त्री संस्कृति पर बल देकर इसका हल ढूँढ़ा जा सकता है। (द चैलेंज ऑफ विमनस् हिस्ट्री) पुरुष द्वारा परिकल्पित स्त्री की अवधारणा के आधार पर स्त्री की स्थिति को समग्रतापूर्वक देखना कठिन होता है।

भारतीय भाषाओं में या हिन्दी में ही सही नारी-लेखन का सर्वेक्षण करें तो मालूम होगा कि तद्‌युगीन सामान्य रचनात्मकता से भिन्न दृष्टि अपनाने का साहस किसी ने दिखाया नहीं है। नारी के स्वत्व को अलग से पहचाना नहीं गया है। कविता में रहस्यवादी निगूढ़ताओं में आनन्द लेने के बावजूद महादेवी वर्मा अपने गद्य-लेखन में स्त्री-स्वतन्त्रता पर बल देती हैं। रेखाचित्रों में उन्होंने इस मुद्दे को लिया और इसका सैद्धान्तिक विवेचन 'शृंखला की कड़ियाँ' नामक ग्रन्थ में भी किया है। महादेवी की प्रासंगिकता इस बात में है कि भारत में नारीमुक्तिवादी आन्दोलन के आरम्भ के बहुत पहले उन्होंने इस पर विचार किया है। कविता में सप्तक परम्परा में आई कवयित्रियों में कीर्ति चौधरी, शकुन्त माथुर आदि में स्त्री मानसिकता के चित्र मिल जाते हैं। स्वतन्त्रता-प्राप्ति के बाद भी भारतीय साहित्य में नारी-लेखन का अनुपात विकसित नहीं हुआ है। एक ओर कवयित्रियों की संख्या भी कम है और उनकी ऐसी रचनाएँ भी नहीं के बराबर हैं। हिन्दी कविता भी अपवाद नहीं

है। स्त्री-लेखन के सन्दर्भ में शून्य स्थिति है। हिन्दी कविता का समकालीन परिदृश्य नारी-लेखन के सन्दर्भ में पूरी तरह से समृद्ध नहीं कहा जाएगा। परन्तु नारी-लेखन के विकास की सूचनाएँ मिलती भी हैं। समकालीन दौर के स्त्री-लेखन को अलग से पहचानना होगा क्योंकि उसका परिदृश्य भी अलग है।

समकालीन दौर में जो भी सामाजिक स्थितियाँ नए सिरे से परिवर्तन की अनिवार्यता के तहत विश्लेषित हुईं, जो सदियों से अस्वतन्त्र और पिछड़ी रह गई थीं, उनमें नारी दृष्टि भी है। इस मुद्दे को पूँजीवादी संस्कृति के विरुद्ध उभरे विचार के रूप में देखना संगत प्रतीत होता है जिसके कई रूप हैं। स्त्री-सम्बन्धी पुरानी रूढ़ मान्यता उनमें से एक है। अतः समकालीन कवयित्रियों की रचनाएँ अपने स्वत्व का अन्वेषण करती हैं तो उसका आशय यह है कि पूँजीवादी संस्कृति जो नव उपनिवेशवादी रूप धारण करके समाज में व्यापित हो रही है उसके विरुद्ध संघर्ष जारी करने का प्रयास स्त्री-कविता कर रही है। इस अर्थ में समकालीन कवयित्रियों की कविताएँ सिर्फ एक विकासक्रम भर नहीं हैं।

कवयित्रियों की कविताओं पर विचार करते समय हमें यह नहीं भूलना चाहिए कि इस दिशा में अन्य कवियों का योगदान कम महत्त्वपूर्ण नहीं है। वह इसलिए कि उनकी कविताओं में भी स्त्री-सत्ता के ऊपर पुरुषाधिष्ठित वर्चस्व को व्यापक अर्थ में ही लिया गया है। स्त्री के प्रति निरी सहानुभूति व्यक्त करना उनका उद्देश्य नहीं है। पिछड़ेपन को सुरक्षित रखनेवाली पूँजीवादी दृष्टि के अन्तर्गत इन कवियों ने स्त्री और उसकी बेबसी को देखा है। कुछ उदाहरणों से यह बात स्पष्ट हो सकती है।

समकालीन कविता को दिशा देनेवाले रघुवीर सहाय की दो छोटी-मोटी कविताओं का उल्लेख यहाँ किया जा सकता है जो उनके 'सीढ़ियों पर धूप में' संकलन में संगृहीत हैं। स्त्री की उपेक्षा के प्रति सहानुभूति दर्शाने की दृष्टि से उन्होंने ऐसी कविताएँ नहीं लिखी हैं। शब्द-प्रयोग में निहित उनकी व्यंग्यात्मकता मानवीय मुक्ति की परिणति है। पहली कविता है, 'पढ़िए गीता' :

किसी मूर्ख को ही परिणीता
निज घर बार बसाइए।
होयँ कटीली
आँखें गीली
तड़की सीली, तबियत ढीली
घर की सबसे बड़ी पतीली
भरकर भात पसारिए।

इसमें जो व्यंग्य है वह स्त्री जाति पर पड़ता है और यही उसकी विशेषता है। दूसरी कविता का शीर्षक है 'नारी' :

नारी बिचारी
पुरुष की मारी
तन से क्षुधित
मन से मुदित
लपककर झपककर
अन्त में चित।

इस कविता में एक दृश्य-विन्यास-सा हो गया है जो स्त्री की समूची स्थिति को स्पष्ट करता है। इसकी गत्यात्मकता ने स्त्री पर भी चोट की है। करुणा एवं आर्द्रता से भिगोकर कवि स्त्री को प्रस्तुत नहीं कर रहे हैं। उसकी हल्की यथार्थ-दृष्टि उसे शोषण में चरमराने के लिए बाध्य करती है। एक अयाचित सामाजिक प्रतिमान और एक भावदृष्टि के सातत्व से कविता में कवि की नारी-दृष्टि प्रकट होती है।

युवा कवि बोधिसत्व की कविता का शीर्षक है 'वहाँ औरतें' (समकालीन भारतीय साहित्य—जुलाई-सितम्बर, 1990)। यह एक लघु कविता है। औरत की रची-बसी ज़िन्दगी की अन्दरूनी स्थितियों की तरफ कवि की सूक्ष्म दृष्टि गई है :

वहाँ औरतें बरतन माँजकर
लेऊ लगा रही हैं
वहाँ औरतें धो और सुखा रही हैं केश
गाछ रही हैं चोटियाँ, भर रही हैं पाँव
लेप रही हैं दुख के गलके पर
नोना-माटी। पूछ रही हैं कुशल क्षेम
वहाँ औरतें, लड़ रही हैं
कर रही हैं विलाप, बच्चों की खातिर
जो चले गए हैं कहीं
वहाँ औरतें
बहा और पोंछ रही हैं आँसू।

पंक्तियों की बुनावट में कवि के निरीक्षक होने का भ्रम उत्पन्न हो सकता है। लेकिन यहाँ कवि अपनी निरीक्षणपटुता का परिचय दे रहा है कि विभिन्न क्रिया-कलापों के बीच अपने को उपस्थित मानो। जैसे वे औरतों के पूरे संसार को प्रस्तुत कर रहे हों जिसमें कुशल-क्षेम की बातें, केश सुखाने का उपक्रम होते हुए भी उनके सुख का अनावरण अधिक हुआ है। दुख को दिखाया नहीं गया है, बल्कि उसका अनुभव किया गया है।

देवीप्रसाद मिश्र के 'प्रार्थना के शिल्प में नहीं' शीर्षक संकलन में स्त्री के स्वत्व को करीब से देखकर लिखी गई उनकी प्रभावी कविताएँ हैं। यहाँ स्त्री-विषयक

कविताओं में स्त्री के स्वत्व-ह्रास को सामाजिक प्रतिमान के सन्दर्भ में देखा गया है। 'औरत का हालचाल' शीर्षक कविता में स्त्री के व्यक्तित्व को सरलता से नकारते में निहित हमारी अनैतिक दृष्टि को प्रतिफलित किया गया है। कवि की भाषा इतनी सहज है कि हम उक्त सामाजिक अनैतिकता को रेखांकित नहीं कर पा रहे हैं :

एक साँवली दुबली
मैली कुचैली साड़ी में लिपटी
औरत प्रकट होती है
वह कोशिश करती है
कि सरलतम हिन्दी में अपने पति के बारे में
अधिक से अधिक बताकर
वह अपने होने को अर्थवान करे।

इसमें प्रयुक्त कुछ विशिष्ट शब्दों से सामाजिक मानसिकता का अच्छा-खासा परिचय मिलता है। एक ओर उसके अर्थवान होने का प्रयास जिसके हालचाल तक पूछे बिना, पूरी तरह से स्त्री के स्वत्व को, नज़रन्दाज़ करने का उपक्रम है। इसलिए देवीप्रसाद मिश्र ने अपनी एक अन्य कविता में—'औरतें यहाँ नहीं दिखतीं'—स्त्री के निजी संसार के विभिन्न कोणों, गलियों, उभारों और अन्तरीपों को कविता में प्रस्तुत करके उसको वहाँ पाने की बात कही है। स्त्री का वहाँ होना मुख्य नहीं है। स्त्री को वहीं होने की हमारी इच्छा में हमारी नैतिकता सिमटती-सिकुड़ती है :

औरतें यहाँ नहीं दिखतीं
वे आटे में पिस गई होंगी
या चटनी में पुदीने की तरह महक रही होंगी
*वे **तेल की तरह खौल रही होंगी** उनमें*
***घर की सबसे ज़रूरी सब्जी पक** रही होंगी*
गृहस्थाश्रम की झाड़ू बनकर
अँधेरे कोने में खड़े होकर
*वे **घरनुमा स्थापत्य का मिट्टी होना देखती** होंगी*
*सीलन और **अँधेरे की अपाठ्य पांडुलिपियाँ होकर***
वे गल रही होंगी
वे कुएँ में होंगी या धुएँ में होंगी
आवाज़ें नहीं कनबतियाँ होकर
फुसफुसा रही होंगी
चींटियाँ होकर वे डोल रही होंगी
व्याज की तरह ढनंगी कहीं

गँधा रही होंगी
तिलचट्टों-सी वे कहीं घर में दुबकी होंगी वे
घर में ही होंगी
***घर के चूहों** की तरह वे*
घर छोड़कर कहाँ भागेंगी।

विवेच्य कविता की इन कुछ काली छपी पंक्तियों पर ज़ोर दें तो नारी-जीवन की असलियत का पता लग सकता है। वर्जीलिया वुल्फ के विचारों की प्रासंगिकता बढ़ती है। एक कमरे की आवश्यकता चहारदीवारी की आवश्यकता न होकर व्यक्तित्व-विकास के सही वातावरण से सम्बन्धित है। यहाँ औरत घर में रहकर भी अपने सही परिवेश सहित नहीं है। परिवेशविहीन होना जीवन में धुरीहीन होने के बराबर ही है। घर के चूहे की तरह हैं वे, इसलिए भाग नहीं सकतीं न छोड़ सकती हैं। इन पंक्तियों में उसकी बेबसी को ही देवीप्रसाद मिश्र ने प्रस्तुत किया है। उनके जीवन की धुरी ही नष्ट नहीं हुई है, बल्कि उनकी भाषा भी छीन ली गई है। 'घरनुमा स्थापत्य की मिट्टी होना' देखने की विवशता स्त्री के स्वत्व-विघटन की चरम स्थिति है।

ऐसी अनेक कविताएँ हैं जिनमें कवियों ने नारी के स्वत्व-विघटन को अनुभव कराने के कवि-धर्म को सफलतापूर्वक निभाया है जो निरी सहानुभूतिवश संरचित नहीं हैं। यह इसलिए है कि उनका मुख्य प्रतिपाद्य मानवीय सरोकार है। नारी-समस्या भी मानवीय सरोकार का पक्ष है। वे शोषण तन्त्र के विरोध में खड़ा होना चाहते हैं। नारी-स्थिति में शोषण का सांस्कृतिक पक्ष मुख्य है।

जहाँ तक कवयित्रियों की कविताएँ हैं उनमें स्वत्व-विघटन के कई रूप मिलते हैं। ऐसी कविताओं में वे अपनी भाषा का ही प्रयोग करती हैं। उनकी 'निजी भाषा' उस वर्ग की निजी भाषा में रूपान्तरित होती है। एक और विशेषता यह है कि स्वीकृत स्थितियों के कई प्रकार के आवरणों को तोड़ने का कार्य भी इन कवयित्रियों ने किया है। स्नेहमयी चौधरी, शकुन्त माथुर जैसी कवयित्रियों ने भी कहीं-कहीं नारी के स्वत्व-विघटन को कविता की विषयवस्तु बनाया है। स्नेहमयी चौधरी की समकालीन दौर की एक कविता है—'गांधारी बड़े शहर में' (समकालीन भारतीय साहित्य—जनवरी-मार्च, 1986)। सबसे पहले गांधारी का चरित्र-पक्ष विन्यसित होता है। इसका उद्देश्य यह नहीं है कि नाम में निहित पौराणिकता के आवरण को तोड़ा जाए। संकल्प के बदले हुए स्वर के साथ स्वत्व की खोज की आकांक्षा इस कविता में मुखर है :

सारी रात, गांधारी
पन्ने पलटती रही
पौराणिक मिथ की खोज में

साढ़े पाँच बजा
सुबह हुई
पानी की तेज़ धार को धीमा करती
फिर चेक करती
कहीं बरबाद तो नहीं हुआ पानी।
फिर 'टैप' बन्द कर
अन्दर के टैप को खुला छोड़
उसकी पतली आवाज़ को सुनने के लिए
कान लगा रही
पर
सुनाई पड़ती रही
पत्तों की सरसर
फिर कौओं की काँव-काँव
और
साथ ही मुर्गे ने बाँग दी
जगाया पूरी तरह।
एक आँख के ऊपर
पट्टी जो बाँधी थी
उस राहगीर के
अपनी दोनों आँखों के सामने
बाँध ली उसने।
चल पड़ी
नए युद्ध की पुकार सुनने
जो आँख खोलकर
केवल सुनी जा सकती थी
और चुप-चाप सही जा सकती थी
बोलकर
न्याय-अन्याय के झगड़े में कौन पड़े ?
सोच
कुछ थोड़ा ठिठककर
फिर भी आगे बढ़ती
ढेर सारे कामों की सूची पढ़ती।

गांधारी जैसी संज्ञा के प्रयोग से कविता के अर्थस्तर विस्तृत हो गए हैं। साथ ही उसमें लिप्त मोहपाश को तोड़ भी दिया है। पूरी तरह से अपने में व्यस्त, बेबसियों

में गिरफ्त, परेशानियों में मग्न गांधारी का एक रोजमर्रा पहलू भी है। ये दोनों एक-दूसरे से भिड़कर अग्रसर होते हैं। जिनसे आज की नारी की सही स्थिति का खुला एहसास होता ही है।

शकुन्त माथुर के कविता-संकलन 'लहर नहीं टूटेगी' की एक कविता है 'जी लेने दो' जिसमें नारी की अस्मिता की तलाश पहचानी गई है :

जी लेने दो
मुझे
वह कोरा अर्थ
मेरे लिए समूचा है
रख लेने दो मुझे
वही मेरे पास
जो नितान्त मेरा अपना है
पी लेने दो वह
वह चाह
वह रस
जो मेरे लिए अच्छा है
संचित कर लेने दो वह
जो
घूम रहा है नस-नस में
हर धड़कन में जीवन
जिसको जीकर मैं जान सकूँ
मैंने भी कुछ
अपनी तरह जिया है।

शकुन्त माथुर की कवयित्री की इस कामना की अपनी नारी-दृष्टि भी हैं जो अपने में अपनत्व ही खोज रही है। एक अन्य कविता (मैं इतनी कमज़ोर क्यों हूँ) में वे पुनः अपने भीतर झाँककर देखती हैं। इसमें उनकी बदली नारी-दृष्टि का सही पता मिल जाता है :

मैं वनस्पति सी क्यों नहीं हो जाती हूँ
जो पत्ते-पत्ते में विहँसती है
फूलों में सिहरती है
फलों में भरती है
नाचे जहाँ-जहाँ रस मिलता है
जहाँ-जहाँ रस छनता है।

छनती है।

यह एक स्त्री की निरी चाह नहीं है। यह मनोकामना की अगली सीढ़ी है। शकुन्त माथुर के शब्दों में किंचित् निराशा और दर्द है। कामिनी भटनागर की 'दिनचर्या' (निजी गन्ध) में क्रमिक जीवन की क्रमबद्धता की ऊब ही व्यक्त हुई है। उसके केन्द्र में स्त्री की पहचान होते ही उसका आयाम और गहराने लगता है।

समकालीन कविता के महिला लेखन के परिदृश्य में कात्यायनी का नाम भी महत्त्वपूर्ण है। उनके कविता-संकलन का नाम 'सात भाइयों के बीच चम्पा' है और उसका समर्पण वाक्य यों है—"धारा के विरुद्ध तैरते उन तमाम लोगों को जिन्होंने इस अँधेरे दौर में भी न सपने देखने की आदत छोड़ी है और न लड़ने की।" ये दोनों अकारण नहीं हैं। कात्यायनी में नारी की अदम्य इच्छा है जो उन्हें पुरुष-विरोधी खेमे में नहीं धकेल देती। उन्होंने अपनी नारी-दृष्टि को धारा के विरुद्ध तैरनेवालों के साथ जोड़ा है और उनकी संसक्ति मानवीय मुक्ति से है। प्रथमतः उनकी कविता 'सात भाइयों के बीच चम्पा' पर ही विचार किया जाना चाहिए। चम्पा सिर्फ एक युवती होकर भी संवेदनात्मक धरातल पर नारी-दृष्टि का प्रतीक बन जाती है। पुनः विस्मृत कर देने योग्य वस्तु में तब्दील करने की उसकी पारिवारिक इच्छा में ग़लत स्पेस और एक भाषा का इस्तेमाल वह अनुभव करती है। पर कात्यायनी अपनी कविता की चरितनायिका चम्पा के लिए प्रयुक्त ग़लत सन्दर्भों के विरुद्ध उठ खड़ी होती हैं। यहाँ एक गाथा का आभास मिलता है :

सात भाइयों के बीच सयानी चम्पा
एक दिन घर की छत से
लटकती पाई गई
तालाब में जलकुम्भी के जालों के बीच
दबा दी गई।
वहाँ एक नील कमल उग आया।
जलकुम्भी के जालों से ऊपर उठकर
चम्पा फिर घर आ गई,
देवता पर चढ़ाई गई
मुरझाने पर मसलकर फेंक दी गई,
जलाई गई।
उसकी राख बिखेर दी गई
पूरे गाँव में।
रात को बारिश हुई झपड़कर
अगले दिन
हर दरवाज़े के बाहर

नागफनी के बीहड़ घेरे के बीच
निर्मम निस्संग चम्पा
मुस्कुराती पाई गई।

यहाँ पर चम्पा का मुस्कुराना उनकी अन्य कविताओं से सम्बन्ध रखनेवाली क्रिया है। 'इस स्त्री से डरो' नामक उनकी कविता में इसी क्रिया का अलग रूप प्राप्त होता है :

उससे पूछो
पिंजरे के बारे में पूछो
वह बताती है
नीले अनन्त विस्तार में
उड़ने के
रोमांच के बारे में।

कात्यायनी की इन समकालीन कविताओं में नारी अथवा नारीमुक्तिवादी दृष्टि है, स्त्री को स्त्री तक सीमित करने की दृष्टि नहीं। वह एक सीमित कटघरा नहीं है। मात्र लिंग-सन्दर्भी वर्चस्व से स्त्री को मुक्त करने की इच्छा ही उनमें प्रस्फुटित नहीं होती, बल्कि मानव-मात्र को मुक्त करने की सांस्कृतिक दृष्टि के रूप में ही उनकी इन कविताओं में नारीमुक्तिवादी दृष्टि विकसित हुई है।

कात्यायनी की एक अन्य कविता है 'दाहक जीवन दाह' (गगनांचल—जनवरी-मार्च, 1993) जिसमें कवयित्री ने अपनी स्वातन्त्र्येच्छा को स्त्री के बहाने बखूबी प्रस्तुत किया है। धरती की तलाश से सम्बन्धित यह कविता समकालीन हिन्दी कविता का एक तेजदीप्त इशारा है :

ज़िन्दगी की सरहदों में
लपलपाती रहती हैं
अग्नि की लाल जिह्वाएँ
मृत्यु में ही मुक्ति
देखती है स्त्री
....
मृत्यु प्रदेश में प्रवेश के पूर्व
एक बार पीछे मुड़कर देखती है स्त्री
जीवन की ओर
वहाँ सब कुछ शान्त है
मृत्यु की ओर
स्त्री के

प्रस्थान के बाद
स्त्री पीछे मुड़ती है।
प्रचंड वेग के साथ।
अपने हाथों आग लगा देती है,
राख कर देती है
वह सब कुछ
जिसे
लोग कहा करते हैं
भरा-पूरा जीवन।

प्रस्तुत कविता का इशारा नारी की मुक्ति के सन्दर्भ में भी प्रासंगिक है और मानवीय मुक्ति के सन्दर्भ में भी। शब्दों के विन्यास और चयन में जिस संतुलन को बनाए रखने का कार्य कात्यायनी ने किया है वह मुक्तिपथ की यात्रा और तज्जन्य मानसिकता के अनुरूप है।

कात्यायनी स्त्री पक्षधरता को स्वतन्त्रता के मूल्य में परिवर्तित करती है। 'सम्भवा' (अक्तूबर-दिसम्बर, 1994) पत्रिका में उनकी एक गद्यात्मक कविता प्रकाशित हुई है जिसका शीर्षक है 'एक असमाप्त कविता की अति प्राचीन पांडुलिपि'। उसके कुछ अंश इस प्रकार हैं—''स्त्री हूँ, अज्ञान के अन्धकार में भटकने को पैदा हुई—यह जानने में ही उम्र का एक बड़ा हिस्सा खत्म हो गया। पशु नहीं थी फिर भी। या बन नहीं पाई। जो अपरिचित रह जाती ज्ञान से···आखिरी राह सुझाई गुरु ने—'धरती छोड़ उड़ जाओ आकाश में। ग्रह बन जाओ। रात के अन्धकार में चमकाती रहो। सूर्य प्रकाश से। और फिर उसे भेजती रहो धरती पर' टिमटिमाती भर रही मैं। थोड़ी-सी परेशानी अपनी पहचान कराती। धरती पर रोशनी न भेज पाने के असन्तोष को झेलकर भी शायद अपनी अस्मिता की मान्यता के सुख में जीती हुई। पर आवारा उन्मुक्तमना उल्कापिंड लगातार टकरा-टकराकर मुझे लहूलुहान करते रहे। तब जाना कि उड़कर इस पृथ्वी से दूर जा सकते हैं सिर्फ महान कवि। कोई आम आदमी नहीं। स्त्री कतई नहीं।''

सुमन राजे की कविता 'युद्ध' (साक्षात्कार—फरवरी, 1994) भी दरअसल मानवीय मुक्ति की कविता है जिसे कवयित्री ने स्त्री के पक्ष में खड़े होकर प्रस्तुत करने का कार्य किया है। कवयित्री का युद्ध राजा से है जिसने उसकी सम्पदा चुराई है। वह लड़ाई के लिए चल निकलती है। उसके साथ समूचा जन्तु-संसार और प्रकृति-सम्पदा है। जंग के मैदान में उनका विस्तार होता है :

आ गया राजा का देस
रुक गई गाड़ी
मुझमें से निकल रही है

ओर-छोर नदिया
गुर्राते दहाड़ते शेर
लपकती लपटें
और घूमती धरती
आक्रमण की मुद्रा में।

कविता के अन्तिम प्रकरण में स्त्री का स्वत्वान्वेषण-स्वर सीमित कटघरे को तोड़कर विस्तृत रंगस्थली में गूँज उठता है।

वीरा एक ऐसी कवयित्री हैं जिनके पास घर-गृहस्थी के चालू शब्दों और मुहावरों से रचा-बसा संसार है। वे जानती हैं स्त्री की दुनिया किस हद तक शोषित और आतंकित है। इसलिए 'क्या होगा ?' (वर्तमान साहित्य—कविता विशेषांक—अप्रैल-मई संयुक्तांक, 1992) शीर्षक कविता की लड़की के सवाल के जवाब के रूप में माँ के मुँह से हम दकियानूसी बात सुनते हैं :

माँ
यदि मैं
भाई की तरह
सड़कों पर घूमना चाहूँ
देर से घर आना चाहूँ
बकना चाहूँ गालियाँ मर्दाने ढंग से
पहनना चाहूँ पैंट-शर्ट हरदम
न मानना चाहूँ
इस चहारदीवारी के
अन्दर के नियम
तो क्या होगा ?
तू हमें जीते जी मार देगी
ठौर नहीं मिलेगी नर्क में भी हमें।

इस कविता में माँ के जवाब में उद्भासित पीड़ा 'गलत भाषा' के प्रचलित होने से प्रकट हुई है जो गलत मान्यताओं के तहत स्वीकृत रूढ़ि में परिवर्तित हो गई है। घरेलू वातावरण का सहज परिवेश वीरा की रचना की अपनी खासियत है जहाँ यह सवाल मार्मिक हो जाता है। पर यह कविता 'गलत भाषा' के प्रचलन के विरुद्ध भी बोलती है। कविता की लड़की अपनी असंदिग्धता व्यक्त करती है कि मेरा क्या होगा ?

हर बात को माँ सम्बोधन से जोड़कर आत्मीयता के भीतर, रिश्तों की ऊष्मलता के भीतर कविता की दृष्टि अपनी संवेदन सांद्रता दर्शाती है। विद्रोह इस

कविता में स्वप्निल मोहजाल नहीं; वह जीवन की वास्तविकता से जुड़ी संघर्षधर्मी चेतना के रूप में विन्यसित हुआ है। संघर्ष के अभाव के परिवेश में से संघर्ष चेतना के बीज को अंकुरित करके वीरा नारी-दृष्टि की अहमियत को शब्दबद्ध कर रही है।

'कविता : मेरी ज़रूरत' शीर्षक संक्षिप्त भूमिका में ('अपरिचित उजाले' संकलन की) प्रभा खेतान ने लिखा है—"कविता मेरी ज़रूरत है, एक रिलीज़, मेरे व्यक्तित्व की एक अभिव्यक्ति। दूसरे प्रकाशन के पीछे मेरी केवल एक ही इच्छा है कि मैं उन सबके साथ जो मेरी ही तरह साधारण है, कुछ अपनी बात कर सकूँ।" लगता है कि कवयित्री ने उन साधारण लोगों में स्त्री की असलियत को देखा है जो हमारे आसपड़ोस की ऐसी वास्तविकता है जिसका यथार्थ एकायामी नहीं है। अतः 'आखिर कब तक लटकी रहूँ' शीर्षक उनकी कविता प्रतीक्षा से उत्पन्न ऊब से सम्बन्धित नहीं है। इस लघु कविता में निरर्थकता के एहसास को बलपूर्वक चित्रांकित किया गया है। वास्तव में इसी अधूरेपन के एहसास से कवयित्री ने स्त्री के स्वत्व को पहचाना है :

सारी-सारी शाम
सखते कपड़ों सी—बराम्दे में
प्रतीक्षा करूँ तुम्हारे आने की
एक क्षण से
दूसरे क्षण तक।

लेकिन उनकी वास्तविक प्रतीक्षा क्या है ? प्रतीक्षा है जाग्रति की समग्रता। यह बात उनकी 'मैं प्रतीक्षा कर रही' शीर्षक कविता में व्यंजित हुई है :

पेड़ की जड़ों के साथ
निःशब्द अँधेरी पर्तों में
धँसती हुई
पहचान की ज़मीन खोजी हुई
मुझमें कैद
हज़ारों बीज
मैं एक गहरी नींद
सोना चाहती हूँ—रोशनी के घेरे के बाहर
और फिर
सदियों के बाद
अनाक्रान्त जागना चाहती हूँ
ऋतु क्रम के अनुसार...

समकालीन कविता की यही नारी-दृष्टि है। उसमें अपनी पहचान की धरती है जहाँ हज़ारों बीज सोए पड़े हैं जो अंकुरित हो सकते हैं। पर वह 'चहारदीवारी के अन्दर के नियमों' के अनुसार उसके जड़ साँचे में ढलकर प्रफुल्लित नहीं होना चाहती। घरेलू यथार्थ के भीतर नारी की वास्तविकताएँ भोग की वास्तविकता में बदलती हैं। उस पर पारिवारिकता के सनातत्त्व का आवरण डाला जाता है। परन्तु प्रभा खेतान अपने को उस गमले की कृत्रिमता से कँटीली झाड़ी की अकृत्रिमताओं में परिणत देखना चाहती हैं। उनमें निहित बीज की यह इच्छा है :

मैं तो एक कँटीली झाड़ी
एक जंगली पेड़
हवाओं से बतियाती
भीड़ से अलग
तुम्हारे चौराहों से दूर
खुद एक सर्पिल पगडंडी बनती हुई।

यह कविता निरी पुरुष-विरोधी कविता नहीं है क्योंकि इसमें मानवीय सहजता की पहचान को अधिक महत्त्व दिया गया है।

शुभा की कविता 'प्रेम की इच्छा' (वर्तमान साहित्य का कविता विशेषांक—अप्रैल-मई, 1992) स्त्री की इच्छा को यों व्यक्त करती है :

मैं चाहती हूँ
नोटिस लिया जाय इस बात का
कि मैं यहाँ हूँ, धरती पर
एक साधारण लड़की
जिसमें खलबला रही है
एक असाधारण लड़की
पक्षी की तरह डैने फैलाए।

साधारण और असाधारण के बीच स्त्री के स्वत्व को पहचाना गया है। इसलिए कवयित्री की पहचान यह भी है :

कितनी भिन्न हूँ मैं
इस पेड़ से
और इस फुदकती चिड़िया से
इस खिलते हुए सुन्दर फूल से भिन्न
सृष्टि में जीवन के एक हज़ार रूपों से
भिन्न है मेरा जीवन।

गतिशील, विकासमान दृष्टि जीवन का सही स्पेस अन्वेषित करती है। उस पर ऐसी काइयाँ लगी नहीं हैं। इसलिए वह उन्मुक्त धारा के समान अपनी प्रवाहमयता संतुलित रखती हैं। अतः कवयित्री की दृष्टि अधिक विकस्वर और वांछित लगती है—भला मनुष्य बनने की इच्छा/जाग रही है मुझमें।

गगन गिल की कविताएँ हिंसक होते जाते समाज में जीती युवती के स्वप्न और दुःस्वप्न से सम्बन्धित हैं। 'मछली' शीर्षक कविता (समकालीन भारतीय साहित्य—जुलाई-सितम्बर, 1990) में स्वप्न की अनुगूँज है :

इस मछली के मस्तिष्क में
जल नहीं
आकाश भर गया है
पानी नहीं
उड़ने की लालसा भर गई है

....

छोटी-बड़ी मछलियों के बीच गुज़रती
चिन्तनमग्ना यह मछली
पूछती खुद से—
समुद्र कहाँ गया तुम्हारा अरे
तैरती हुई मछली
दोहराती है यह प्रश्न
जैसे प्रार्थना मन्त्र हो
जानती नहीं मछली
कि आकाश भर गया है उसके मस्तिष्क में
कि कपाल क्रिया उसकी
शुरू हो चुकी है
भीतर से।

गगन गिल के कविता-संकलन 'एक दिन लौटेगी लड़की' में अनेक कविताएँ स्त्री की बहुविध संकटग्रस्त स्थितियों के संकेत से भरी पड़ी हैं। 'लड़की बैठी है हँसी के बारूद पर' कविता उपरोक्त संकलन की है। संयम के साथ गगन गिल उस विपर्यय को प्रस्तुत करती हैं। कविता की संवेदना सही स्पेस और सही भाषा की ओर अग्रसर है। पर उसमें निहित खतरे के संकेतों से वह बखूबी परिचित है :

लड़की बैठी है हँसी के बारूद पर
उसकी हँसी में
न स्मृति है न कारण, न हिंसा

सिर्फ अँधेरे का एक डर है
जो ठीक उसके पीछे खड़ा है।

गगन गिल की विशेषता यही है कि वह उस अन्धकार को एक निरीक्षक की हैसियत से प्रस्तुत करती हैं। तब उसकी तमाम भीषणताएँ संयम भरे, तटस्थ, शब्द-विन्यास से प्रकट होती हैं। उसमें सब कुछ है। एक समग्र सत्य जो उत्तरोत्तर विकसित होता है :

साँस की नली से
उतरती हैं सीढ़ियाँ-
दर-सीढ़ियाँ
उसकी हँसी की गूँजें,
थामकर एक दूसरी का हाथ
डरते-डरते
एक चीज़ अँधेरे खड्ड में
गिरती है थप्प से
बहुत सारा रुदन पथराया पड़ा है
वहाँ पर।

कवयित्री के कविता के अन्त में सत्य की समग्रता पर ज़ोर दिया है, इसलिए वह लिखती हैं कि 'उसकी हँसी ने जगा दी है उसके भीतर की हिंसा'। हमारे सामाजिक परिवेश में इसके कई आयाम हैं। ये अन्तर्विरोधी सच कहाँ-कहाँ अपना निशाना साधते हैं, अनुमान लगाना कठिन है। समकालीन जीवन के उसी पक्ष को गगन गिल अधिक मुखर करना चाह रही हैं।

सीमा सोनी की कविता 'खाली हाथ' (साक्षात्कार—दिसम्बर, 1993) नारी-दृष्टि को बेबाक ढंग से प्रस्तुत करती है। इस कविता में जोखिम के संकेत भी हैं। वस्तुतः हर सही पहचान को धुँधला कर देने की शक्ति समाज के सरलीकृत रुझानों के पास है। उसके विरुद्ध उठनेवाले हर शब्द को उड़ा देने का साहस निरा साहस नहीं। उसे पूरी सख़्ती के साथ ही अनुभव किया जा सकता है :

सोचती हूँ
क्या है
मेरे पास
एक कलम
जिसकी धार
अब मुझी पर
वार करती है।

एक आत्मा
जो बेवजह
दिन-रात
जलती है
दो आँखें पाती
जो तस्वीरें धुँधली
करती है।

यह कविता स्त्री-सन्दर्भी भी है, समय-सन्दर्भी भी। कविता के ये दो रंग महिला-लेखन के दायित्व-बोध के सूचक हैं।

रश्मि रमानी की कविता 'कहानी की तलाश' (साक्षात्कार–दिसम्बर, 1993) स्त्री की व्यथा को व्यक्त करती है। सपाट शब्दों में कहें तो यह अभाव की समस्या की कविता है। अभाव या गरीबी की समस्या नारी के जीवन के सन्दर्भ में विकराल बन जाती है। विकराल समस्या को कहानी में रूपान्तरित करना–भाव-जगत में सन्निविष्ट करना–एक प्रकार से पलायन है। लेकिन कविता के आखिर में जब उसे कहानी की तलाश होती है तो पलायन का सन्दर्भ बदलता है :

एक आश्चर्य लोक में
दौड़ती रहेगी वह
और
वह औरत
खुद भटक रही है
आश्चर्य लोक में
नींद लाने के लिए
तलाश है
उसे भी
एक कहानी की।

विवशता और व्यथा को व्यंजित करने के बावजूद यह कविता अपनी विशिष्ट बुनावट में एक लोरी की आस्वादनीयता प्रदान करती है। आख़िरी पंक्तियाँ संकट को भरपूर मात्रा में व्यंजित करती हैं। लोरी की कहानी नन्ही बच्ची के सन्दर्भ में परियों के देश की कहानी है तो उस माँ के सन्दर्भ में और कुछ है और वह सांकेतिक भी है।

अनामिका शिव की कविता का तेवर किंचित् तेज़ है। वह अपने में पुरुष-विरोधी बिम्ब भी अख़्तियार करती हैं और अभिशप्तता के स्वर को बुलन्द भी करती हैं। स्त्री-कविता का यह भी एक पक्ष है। 'और कोई नाम दो'

(साक्षात्कार—जून, 1992) शीर्षक यह कविता समकालीन सच को काव्यांकित भी करती है :

मेरा नाम
वेदना
घुटन
गुलामी
करुणा
कलाली की हाँडी
भी हो सकता था।
एक रिवाज़
या
जूती किसी मर्दाने पाँव की
खरीद और बिक्री
कुछ भी हो सकता है मेरा नाम।

उपभोगवादी संस्कृति ने नारी की अस्मिता को पहले से अधिक विकृत कर दिया है। इसलिए या तो वह खानों में बँट गई है या नगण्य है। अनामिका शिव नारी की इस अवस्था से विक्षुब्ध हैं। प्रचलित आतंक के कारण कवयित्री का तेवर तेज़ हो गया है।

समकालीन दौर की कवयित्रियों की इन रचनाओं से ऐसा गलत बिम्ब गठित नहीं किया जाना चाहिए कि वे नारी-समस्या से ही वशीभूत हैं। ऐसी बात नहीं है। वास्तव में ये समकालीन कविता की रचनाकार हैं। स्त्री कविताओं का चयन इसलिए अनिवार्य हो जाता है कि हमारे सामाजिक ढाँचे में शोषण और उपनिवेशी दृष्टि का जितना प्रसार है, नारी-दृष्टि उस अर्थ में प्रमुख हो जाती है। रूढ़ियों और अन्धविश्वासों में दबी हुई मानसिकता न वर्तमान का सपना देख सकती है न भविष्य का। इन कविताओं में नारी-प्रतिक्रियाओं से बढ़कर पतनोन्मुखी रूढ़ परम्पराओं की गहराई का पता लग जाता है। सामाजिक गतिहीनता के तहत नारी-जीवन के विभिन्न पक्ष अर्थवान हो जाते हैं। कवयित्रियों की कविता-दृष्टि हमारी पतनोन्मुखता को नापने और तोलने का उपक्रम मात्र है। इस अर्थ में नारी-सुलभ व्यथा, पीड़ा, स्वप्न एवं आकांक्षाएँ समकालीन कविता की परिधि में जीवन्त हो जाती हैं।

□□□